CB057633

MIRANDA ARROYOS DE SAN THIAGO

O Livro das Feiticeiras

A Tradição dos Filtros e
Encantamentos
de Amor

3ª edição
3ª reimpressão

PALLAS

Rio de Janeiro
2015

Copyright© 1998
Miranda Arroyos de San Thiago

Produção editorial
Pallas Editora

Copidesque
Gisele Barreto Sampaio

Revisão tipográfica
Ieda Raro Schmidt
Wendell S. Setúbal
Maria do Rosário Marinho

Diagramação
Vera Barros

Capa e ilustração de miolo
Leonardo Carvalho

Ilustração de capa
Rosseti, Dante Gabriel. Vênus Verticordia *(1864-68). Óleo sobre tela,*
Russel-Cortes Art Gallery and Museum, East Cliff, Bournmouth, Inglaterra

Todos os direitos reservados à Pallas Editora e Distribuidora
Ltda. É vetada a reprodução por qualquer meio mecânico.
eletrônico, xerográfico etc.. sem a permissão por escrito da
editora, de parte ou totalidade do material escrito.

CIP-BRASIl. CATALOGAÇÃO-NA-FONTE.
SINDICATO NACIONAL DOS EDITORES DE LIVROS, RJ.

A8151 3ª ed. 3ª reimpr.	Arroyos, MIranda. O livro das feiticeiras: a tradição dos filtros e encantamentos de amor / Miranda Arroyos de San Thiago: [capa e ilustrações Leonardo Carvalho] 3. ed. Rio de Janeiro: Pallas, 2015. Inclui bibliografia. 184 p: il. ISBN 978-85-347-0300-0 I. Magia. 2. Amor. I. Título.
97-0742	CDD - 133.43 CDU - 133.4

Pallas Editora e Distribuidora Ltda.
Rua Frederico de Albuquerque, 56 — Higienópolis
CEP 2I050-840 — Rio de Janeiro — RJ
Tel./fax: (021) 2270-0186
www.pallaseditora.com.br
pallas@pallaseditora.com.br

Dedicatória

Às diletíssimas bruxas Corine, Linnie, Gwinnie, Eileen, Deirdre, e bem assim aos sábios ocultistas Clarence, "Aule" Gus e "Aule" Glee, dos iniciados da Clareira de Glamorgan, as muitas saudades de quem ficou para lhes honrar a memória nos louvores de Arádia, até o reencontro final em novos planos, dimensões e tempos mais felizes, num ponto qualquer do Além, no Oriente Eterno.

Ao misterioso William (S. Rohmer) e à tímida Violeta (D. Fortune), nossa dedicada e reverente admiração.

Miranda A. de San Thiago

Índice

Introdução 11
Instruções práticas quanto ao cumprimento dos rituais mágicos 21
Proteção contra toda sorte de malefícios e resguardo de bruxaria rival 31
Primeira parte dos bruxedos de amor 37
Arte geral dos feitiços de amor 39
O feitiço da água de Melissa 39
Bruxedo amoroso pela virtude do salgueiro 40
Encantamento para se fazer amar 41
Pomada mágica com prendas de asno para aumentar atração e forças viris 42
Magia vegetal para inspirar paixão 43
Bruxaria da erva-moura para forçar amante a casar 44
Feitiço da cola de 13 pinhas 46
Encantamento do coquilho para despertar desejo 47
A magia do grão de centeio 48
Bruxedo amoroso da resina mágica 49
Magia do breve das cinzas do roble 50
Engodo mágico para desfazer amores indesejáveis 52
Outro bruxedo para obter fidelidade 53
Outro encantamento para amores indesejáveis 55
Bruxedo infalível para evitar a gravidez 56
Feitiço das judias contra gravidez 57

Bruxedo para com bater a frigidez 58
Magia potente para tornar o homem submisso 59
Bruxedo para garantir fidelidade das mulheres 60
Poderoso talismã de amor feito com ovos 61
Feitiço egípcio do escaravelho 62
Grande feitiço do anel amoroso 63
Precaução contra possível desapreço 64
Outro bruxedo para obter a fidelidade masculina 65
Magia do espelho mágico 66
Mensagem de amor levada por uma pomba 67
A magia da galinha-da-guiné 68
Para governar as relações do marido 70
Receita para a mulher se fazer querida 71
Receita feminina para dominar o homem 72
O segredo da beleza eterna 73
Obra de magia para afastar as mulheres rivais 74
Bruxedo para reconciliação de antigo amor 75
O segredo do bolo para aumentar a potência 77
Como fortalecer o amor e a dedicação do amante 78
Feitiço para maridos e amantes desconfiados 79
Magia para inspirar o amor nas mulheres 79
Feitiço da rã para despertar o amor dos insensíveis 80
Outro feitiço que se faz com rãs 81
Nova magia das rãs para obrigar ao casamento 82
Modo de encantar homens desprevenidos 83
Sortilégio das virgens para casar 83
Sortilégio para impedir que o homem tenha relações com outras 85
Sortilégio para firmar amores e casar 86
Sortilégio para assegurar matrimônio às não-virgens 87

Segunda parte dos bruxedos de amor 89
**Os sete encantamentos das bruxas de Gales e
outros sortilégios dos magos da Escócia** 91
Primeiro encantamento das bruxas de Gales 91
Segundo encantamento das bruxas de Gales 96
Terceiro encantamento das bruxas de Gales 100
Quarto encantamento das bruxas de Gales 105
Quinto encantamento das bruxas de Gales 113
Sexto encantamento das bruxas de Gales 117
Sétimo encantamento das bruxas de Gales 121
Primeiro sortilégio dos magos da Escócia 125
Segundo sortilégio dos magos da Escócia 128
Terceiro sortilégio dos magos da Escócia 130
Quarto sortilégio dos magos da Escócia 133
Quinto sortilégio dos magos da Escócia 137
Sexto sortilégio dos magos da Escócia 142
Sétimo sortilégio dos magos da Escócia 146
Oitavo sortilégio dos magos da Escócia 149
Nono sortilégio dos magos da Escócia 152
Cerimônia matrimonial entre bruxos 157
O livro das Sombras 161
A lei dos bruxos e feiticeiras 163
Obras consultadas 183

Introdução

Um conceito de magia, feitiçaria e temas correlatos

Sem dúvida, torna-se cada dia mais difícil e problemático conceituar-se *Magia, Bruxaria, Feitiçaria* e assuntos outros, ligados a práticas rituais de inspiração anímica, na busca de resultados eficazes sensíveis no plano físico.

A dificuldade fundamental decorre da confusão surgida com os conceitos de superstição, fenômeno parapsicológico, percepção extra-sensorial, psicanálise, milagre, possessão diabólica, revelação divina, rito religioso e um sem-número de outros temas.

Se bem que o racionalismo do século XIX, respaldado no progresso da ciência, tenha deitado por terra muitas conceituações tradicionais e aceitas, já a partir da segunda metade desta centúria, a retomada do estudo dos assuntos supra-referidos, mesmo em bases ortodoxas e experimentais, força-nos a readmitir o que até há pouco se afigurava espúrio aos espíritos esclarecidos.

De outra parte, o que era domínio praticamente exclusivo da Antropologia transbordou por fronteiras alheias, incorporando-se à Biologia, à Psicologia e à própria Física, por vias eletrônicas.

Embora o nosso intuito, ao escrever este livro, fosse uma apresentação antropológica, circunscrita, predominantemente, aos aspectos folclóricos, cedo percebemos que não nos seria possível prosseguir nessa linha, dadas as muitas implicações de outra ordem.

É que, nas tradições populares ligadas aos bruxedos, há algo de verdadeiro envolto com a fantasia, assim como também na feitiçaria organizada e consagrada, derivada do empirismo, existe eficácia de rituais. E explicá-la é tarefa inútil e irrealizável.

Isto nos induziu, portanto, a encaixar em seções especiais uma série de bruxedos ligados a várias tradições, povos e épocas, em miscelânea de caráter folclórico, e uma segunda, específica, vinculada a práticas seculares, mais ou menos localizadas geograficamente e de algum cunho nacional.

Com respeito à segunda escolha, preferimos o sistema céltico, por suas maiores afinidades ibéricas, numa obra destinada a leitores brasileiros e portugueses.

Na verdade, nós, no Brasil, somos um povo de predominância ibérica, no que tange aos setores europeus da raça branca. Os iberos se estruturaram primordialmente no tronco céltico dos indo-europeus, romanizando-se após influências e enxertos greco-fenícios, com adições arábicas e judaicas, além das contribuições germânicas trazidas pelas hordas invasoras. Embora, quando do descobrimento da América, habitassem a Península mouros e judeus, na proporção de cerca de 40% do total étnico, prevalecia a origem germano-céltica cristianizada.

Aceitando a Igreja, os gentios renunciaram aos cultos antigos, mas o substrato das práticas mágicas se guardou, em miscelânea característica dos tipos etnogênicos diversos.

Nada se notou, porém, nem em Portugal nem em Espanha, comparável à persistência dos cultos pagãos nas Ilhas Britânicas, com quanto os celtas ilhéus procedessem da Ibéria.

Muito mais notáveis, aliás, são, nesta última, os bruxedos oriundos de Roma, Grécia, Arábia e Judéia, bem como de partes mouras da África. Sua tradição se consubstanciou no chamado *Livro de São Cipriano*.

Em boa parte, essa tradição mágica se transferiu à América Latina, especialmente ao Brasil, daí termos incluído na primeira seção de nossos encantamentos os feitiços dos povos clássicos, tanto quanto os árabes e hebreus, e até mesmo bruxarias caldéias e egípcias.

Por uma questão de coerência, o tema exclusivo é o Amor, como objetivo dos sortilégios.

Não há qualquer sistematização, nem os encantamentos se ligam, senão eventualmente, a divindades pagãs; ao contrário dos célticos, estes sim, sistematizados e presos pelos vínculos da antiga fidelidade aos velhos deuses, invocados nos rituais.

A propósito, eximimo-nos de expor ou apresentar bruxedos sincréticos, ou seja, com ligações cristãs e interferência diabólica – que são, todos, típicos da magia negra –, evitando a fusão do credo católico com as crendices gentílicas.

Passadas tais preliminares, entretanto, julgamos poder tornar à questão conceitual. É que, para falar-se de magia, bruxaria e feitiçaria, se faz mister dizer, primeiro, o que sejam.

Em matéria de definições, não poderia haver piores do que as correntes em todos os dicionários que compulsamos. De um modo geral, referem-se a superstições, sem levar em conta as pesquisas científicas modernas, como se ainda estivéssemos em pleno século XIX. Trata-se do vezo universal dos lexicógrafos, de copiarem ou adaptarem definições ultrapassadas.

A Igreja, por exemplo, sempre aceitou a realidade da feitiçaria como um mal de recurso diabólico e, diante disto, jamais deixou de se pronunciar sábia e prudentemente. Apenas levou de roldão os magos brancos e magos negros, atribuindo todas as obras deles a Satanás.

Cabe, portanto, e bem, nestas considerações, uma dicotomia de sentido, diferençando-se os malefícios dos benefícios. E mesmo os primeiros, por vezes, não são obra do Príncipe das Trevas, mas da irresponsabilidade humana.

O mago, o bruxo, o feiticeiro, seja qual for o nome que se lhe dê, distingue-se pelos frutos de seu tronco. Se sua inspiração é boa, sua obra está posta no bem; no mal, quando ruim a inspiração, eis tudo.

Para evitar as confusões, classificaremos, com algum exagero, os magos negros, e toda a casta de ocultistas maléficos, como satanistas, embora o satanismo seja um tipo de magia específica.

No satanismo, há o culto ao demônio, a cerimônia do pacto, a missa negra com suas hediondas profanações e sacrifícios cruentos de virgens e crianças. Em ritos regulares, em que se oficia uma paródia sórdida da Santa Missa, Belzebu é invocado, participando das orgias dos sabás, ou atendendo a cada um de seus aficionados.

O assunto, em suas inúmeras particularidades, será objeto, oportunamente, de livro especial. Neste, será apenas tocado em superfície.

Quanto aos feiticeiros, magos e bruxos em geral, são aquelas pessoas que recorrem a invocações, artifícios, cerimônias e práticas diversas, visando a um fim *aparentemente sobrenatural*, que se exterioriza e manifesta por meio de efeitos psíquicos e físicos. Os eruditos entre eles são denominados *ocultistas* ou *esoteristas*. Baseiam-se em conhecimentos secretos relacionados às forças naturais e capacidades da mente humana. Outros, porém, seguem os ritos e ofícios por terem fé em seus efeitos, acompanhando tradições vetustas. Supersticiosos ou não, alcançam seus resultados, e somente isto lhes interessa. Um terceiro grupo, todavia, exerce os bruxedos por religião, e justamente este oferece maior importância antropológica.

A primeira revelação digna de nota, a seu respeito, nos veio da Dr.ª Margaret A. Murray, em 1921, com seu livro *The Witch Cult in Western Europe*, conquanto posteriormente contestada em inúmeros tópicos fundamentais.

Referia-se ela à continuação dos cultos pagãos a certas divindades pré-romanas e pré-cristãs, como Cernunnos (*Karnayna*) – que os eclesiásticos rebaixaram à condição de entidade diabólica, devido a seus dois cornos simbólicos –, Arádia e Keridwen (*Cerridwen*), entre os celtas, afora outras menções continentais, já no quadro germânico.

Muitas das feitiçarias próprias desse grupo céltico (escocesas e galesas) foram incorporadas na segunda seção de nosso livro, bem como alusões a seus rituais, costumes e cerimônias, como a matrimonial, por exemplo, de singela e tocante beleza. Este culto é conhecido como *Wicca*, ou enfraquecimento das forças do mal por meio da magia.

Interessante, a tal propósito, é que os modernos feiticeiros que restabeleceram essa tradição objetivam, precisamente, a elevação espiritual, por práticas e ritos benéficos, ao contrário, flagrantemente, dos satanistas.

As realizações da magia se produzem pelo emprego coordenado, harmônico e sistematizado das *virtudes naturais* existentes no mundo da matéria, invocando-se e concentrando-se forças cósmicas e psíquicas, que são "vetorizadas" num sentido objetivo e muito bem determinado, e descarregadas nessa mesma direção, ou alvo do bruxedo.

Isto requer, naturalmente, rituais rigorosos, por meio dos quais se logra o governo do poder anímico. O poder, concentrado, é mais forte quando exercido em grupos moderados.

Sem embargo, existem individualidades muito potentes ou capazes que, agindo isoladamente, obtêm resultados espantosos, muitos deles atestados nos fastos da Parapsicologia.

As propriedades da aura humana são ali utilizadas em descargas magnéticas, chamadas de *imantação mágica*. Bem assim, as ondas mentais ou cerebrais, tal como nas mensagens telepáticas e de ordem semelhante.

As forças naturais do homem, existentes desde os tempos em que ainda não havíamos evolvido à exaltada condição de *Homo sapiens*, atuam no processo, bem como o subconsciente e seus arquétipos, muito bem estudados por Jung e Adler, até mesmo com envolvimento do que chamaram de *mente universal*.

Alguns grupos espiritualistas, contudo, admitem, outrossim, a ação de potência adquirida e transmitida, de passadas encarnações. Não poucos ocultistas estão, porém, convictos de que todos aqueles que foram magos em outras vidas têm maior possibilidade de êxito, utilizando-se de forças secretas, alheias à ciência ortodoxa ou desprezadas por seus estratos mais conservadores.

O estudo das percepções extra-sensoriais, todavia, já estabeleceu, na União Soviética, Grã-Bretanha, Suécia, Holanda e Estados Unidos da América do Norte, a realidade – se bem que não absolutamente esclarecida – dos seguintes fenômenos: 1) telepatia, precognição, psicocinese, clarividência, no campo puramente prático; 2) existência da aura (em homens, animais e todos os seres vivos, como plantas, por exemplo); sobrevivência de cargas de natureza paramagnética ou elétrica, após a morte; semelhança entre a natureza da própria aura e de citadas cargas; influência dos ritmos e pulsações cósmicos em todos os seres vivos (ação selênica ou da Lua, por exemplo); permanência de emanações de natureza especial e indefinida nos objetos e coisas inanimadas (pedras, rochas, terras etc.), emanações essas provindas de seres vivos que as tocaram ou sobre elas agiram consciente ou inconscientemente.

Esta última ocorrência se manifesta curiosamente no fenômeno denominado, entre os cultores das Ciências Ocultas, *psicometria* (que se estuda, em suas particularidades, no livro de autoria de Everton Ralph, *Como Ler os Pensamentos*). São notórias as manifestações em tal sentido, e muito autênticas, segundo experiências efetuadas nos últimos 30 anos, em vários países europeus. Peter Hurkos, Claret e o iogue Ramacharaca, bem como Swami Vivecananda, são alguns dos nomes mais conhecidos nesse domínio psíquico, com ações comprovadas.

É forçoso admitirmos serem produtíveis efeitos físicos, assim como influências no estado de ânimo e disposição alheia, por meio de ritos e atos mágicos. E a mecânica dessas ações foi enfocada ao falarmos da concentração e descarga de "poderes".

Quanto ao material utilizado nos ritos, seu uso obedece a afinidades tradicionais, sendo discutível que comportem em si virtudes intrínsecas, servindo eles, no entanto, como "catalisadores mentais", ou seja, despertando e acelerando a concentração de potencial subconsciente, que, por sua própria natureza arquetípica, age por simpatia em outros seres humanos.

Alta concentração, vontade firme e capacidade de fixação no objetivo mágico, eis as chaves do êxito dos bruxedos. Desde que o mago siga com fidelidade as prescrições impostas e legadas, e possua as necessárias virtudes e experiência, não falhará naquilo que almeja.

Sua ação, porém, incluirá mentalização de forças naturais personificadas, como anjos, arcanjos, deuses, deusas e seres ele mentais, das ordens do fogo, da água, do ar e da terra; estes, por seu turno, subordinados a regências angélicas. Mas os anjos não funcionam em todos os sistemas e mitologias. Assim, um mago caldeu ou hebreu não invocaria entidades da Índia ou China, nem um cabalista judeu chamaria em sua ajuda Arádia ou Cernunnos. Entretanto, um escocês ou um galês moderno, que tenha tido contato com o Cristianismo, pode invocar São Miguel Arcanjo (senhor dos poderes do fogo) e Brigit (esta do sistema céltico).

Na Umbanda e Quimbanda nacionais, vemos algo de análogo, em ação sincrética, combinando-se Iemanjá e Nossa Senhora da Conceição, Ogum e São Jorge (aliás, de atributos judaicos miguelinos), Oxóssi e São Sebastião, e assim por diante.

Entretanto, nossos irmãos de raça negra são mais sensíveis e inspirados pela influência de seus orixás originais.

***

A realidade da magia é evidente no Velho e no Novo Testamento bíblicos, e até mesmo a necromancia, em que se consultam os espíritos dos mortos. Os exemplos mais conhecidos e citados são os de Moisés em sua disputa com os feiticeiros egípcios, e quando levantou a serpente no deserto; a consulta de Saul à bruxa (sibila) de Endor; o toque dos ossos de Elias; o feito magistral de Josué, detendo o Sol e prolongando o dia da batalha, etc. Além disso, José, filho de Jacó, foi brizomante, decifrando sonhos, e bem assim o foi Daniel. O próprio Jacó usou de bruxedos, para lograr a seu sogro Labão, fazendo aumentar com sua arte o número das ovelhas malhadas a que tinha direito, em combinação de partilha, por seu dote. Lia, uma de suas esposas, usava a mandrágora(*duldaim*), e Salomão levou fama de mago insigne.

Os três misteriosos reis magos que foram visitar o menino Jesus, supostamente astrólogos, levaram de presente ouro, incenso e mirra. Nos primórdios do Cristianismo, Simão, o Mago, agnóstico, era capaz de voar, e foi inumado e ressuscitou, utilizando, ainda, sangue menstrual e sêmen em seus bruxedos e rituais.

Os hereges maniqueus tinham a Astrologia como fundamento. Santo Agostinho, negando, embora, o determinismo dos astros, admitiu-lhes a influência, tal como, muito depois, São Tomás de Aquino, e diversos dentre os sumos pontífices da Igreja.

Na mesma atualidade, Ben Adam, com o beneplácito de Bloomfield, entre os protestantes, cita o *livro de Gênesis*, para demonstrar que os luzeiros postos nos céus (estrelas, constelações) constituem sinais interpretáveis. Lúcifer teria corrompido o espírito humano, revelando-lhe segredos astrológicos.

E ainda nos arraiais cristãos, muitas heresias se derivaram, entre os gnósticos, de práticas de magia negra, vindo a degenerar em adoração ao Príncipe das Trevas, em pactos nefandos. E não se há de negar o demônio, visto como, tanto exemplos clássicos como modernos de possessão, em sua maioria têm excelente fundamento, havendo relatos, mui fidedignos, de exorcismo e seus resultados. Aliás, o truque supremo de Satanás é fazer crer que ele mesmo não existe, para mais fácil agir e enganar os humanos.

Figuras ilustres da Igreja pactuaram com ele! Citemos os casos do bispo Prisciliano, que tentou fundir Catolicismo e magia (negra), encontrando a morte por castigo; São Cipriano de Antioquia e São Teófilo de Cilícia, cujos contratos com Belzebu foram assinados com sangue; Gil de Santarém, o dominicano, firmou, outrossim, um pacto de igual natureza. Quanto a São Teófilo, penitenciou-se do pecado, e o documento infame, a bem dizer-se "milagrosamente", foi restituído ao bispo de sua obediência, que, absolvendo-o, queimou a prova incontestável.

Com efeito, inúmeros teólogos são de parecer que nenhum pacto da espécie é definitivo ou compulsório: o arrependimento e a confissão, seguidos de penitência, desatam o vínculo maldito, reconciliando-se o insensato com a Igreja.

Do cunho horrífico de tais contratos, que aquilate o leitor, do texto que exemplificamos abaixo, um modelo de pacto demoníaco firmado na Alemanha, no séc. XVIII:

"LÚCIFER, IMPERATOR, amo e senhor de todos os espíritos que se rebelam, eis que vos suplico os favores, nesta invocação que ora vos dirijo, pelo ínclito Ministro DÊMON, desejoso que me encontro de convosco firmar pacto, pelo recurso à virtude daquele de que vos falei. E ainda mais vos rogo, ó Príncipe Belzebu (*Beelzebub*), me protejais nesta minha empresa. Ó Conde Astorete (Aschtoreth)! Sede propício ao suplicante, e fazei com que, hoje à noite, o grande DÊMON surja ante mim, em figura humana, e sem feder, e que ele me conceda, por força do pacto que lhe entregarei, todos os desejos que me são de necessidade. Ó grande DÊMON, eu vos peço que deixeis vossa morada, seja esta na paragem que for, deste mundo, para que venhais a mim, e comigo faleis, e se, porventura, assim não suceder, eu vos forçarei a tanto, pelo poder das palavras de compulsão de Salomão , o Magno, e de que ele mesmo se serviu em seu tempo, a fim de obrigar os espíritos rebeldes a aceitar o pacto que lhes propôs. Aparecei ante mim neste próprio instante, do contrário vos atormentarei de contínuo, com as palavras de poder da grande clavícula, a saber:

"Aglon Tetragrama Vaycheon Stimulamathon Erohares Retragoamathon Clayoran Icion Esition Existien Eryona Onera Erasyn Moyn Meffias Sóter Emmanuel Sabaoth Adonai!'[1]

Nestes termos, eu vos invoco, ó LÚCIFER, e DÊMON."

---

1. As últimas palavras desta compulsão diabólica são sacrílegas, referindo-se ao nome de Jesus (*Emanuel*, isto é, "Deus conosco"). *Tsabaoth* significa "dos exércitos", em aposição ao nome santo; *Adonai*, "meu Senhor".

ALFABETO MÁGICO

Inúmeros são os tipos de alfabetos utilizados pelos bruxos e feiticeiras em seus escritos secretos. Aqui vemos um exemplo, com suas equivalências, a partir do alto e da esquerda para a direita – de A até Z. Os sinais são denominados, impropriamente, *runas*.

E, pois, o demônio aparecerá ao que o invocou, dizendo: "Não te posso conceder o pedido, salvo sob condição de que te entregues a mim decorridos sete anos, de modo que eu disponha de teu corpo e de tua alma a meu talante".

O infeliz lançará então seu pacto aos pés de Satanás, e no documento terá escrito, de seu próprio punho (o papel será pergaminho virgem), as palavras seguintes, assinando, depois, com sangue de suas veias: "Eu vos prometo, ó grande DÊMON, pagar a dívida em sete anos, por tudo o que me concederdes. E, por testemunho do que afirmo, por meu sangue me firmo".

Entretanto, no *Malleus Maleficarum*, o famigerado manual eclesiástico relativo às bruxas e feiticeiras, alega-se que os pactos habituais se realizavam sob formas menos complicadas. Bastava ao postulante, ou à bruxa, ir a uma encruzilhada ou local solitário, declarando, ali, que tinha um negócio a tratar com Lúcifer. O demônio apareceria, então, em figura humana, combinando-se condições. Era o chamado "pacto dos lábios", ou apenas "falado", sem documento comprobatório, não, porém, menos eficaz e válido em todos os seus termos e acertos.

***

O satanismo ganhou considerável força em nossos tempos, havendo dezenas de milhares de adeptos em suas hostes. Outrora, não menor personagem que o ilustre Benjamin Franklin, estando na Inglaterra, compareceu a uma reunião do gênero, em ruínas de vetusta abadia.

As chamadas *forças brancas* se opõem tenazmente ao caminho dos maléficos, e não podem, em absoluto, ser com estes confundidas. Mas a Igreja atribui a todos os bruxos e feiticeiros o estigma do mal, sem separar o joio do trigo. Sempre agiu assim, indiscriminadamente, levando à forca e à fogueira milhares de espíritos bondosos e benfazejos, sob as mesmas acusações postas a centenas de milhares de satanistas e compactuados autênticos.

Mas as forças malignas não são fictícias: elas existem, agem, corrompem, e a função mais nobre dos magos brancos é dar-lhes combate, pelas suas próprias armas, opondo-lhes a potência do bem. Esta, sua principal obra, e que lhe venha o almejado e desejável êxito.

Instruções práticas quanto ao cumprimento dos rituais mágicos

Os diversos bruxedos expostos neste livro foram divididos em duas partes. Na primeira delas, são ensinados encantamentos que podem realizar-se por todos os postulantes à Feitiçaria, de ambos os sexos, desejosos de dedicar-se à magia prática, selecionando os sortilégios de seu maior interesse, na conformidade de suas circunstâncias e necessidades diversas.

Na escolha dos sortilégios, encantamentos, feitiços e receitas mágicas em geral, houve, contudo, de nossa parte, preocupação pela primazia dos problemas e interesses femininos no campo amoroso, por ser este livro especialmente dirigido às mulheres.

A segunda parte é própria dos que passaram pelo cerimonial sublime da iniciação num círculo organizado, em que os participantes firmam pacto recíproco, recebendo instrução regular e tradicional, ministrada por um *sumo sacerdote* e uma *suma sacerdotisa*. Esse grupo, vinculado por graves compromissos, é restrito e fechado, com número certo de membros, que cumprem obrigações e realizam tarefas que lhes são atribuídas por seus superiores hierárquicos. Operam em conjunto, para efeitos gerais e visando a objetivos específicos, caracterizados pela impessoalidade dos benefícios mágicos obtidos.

É-lhes, contudo, permitido – mesmo sem autorização expressa do sumo sacerdote e da suma sacerdotisa, e com dispensa, outrossim, de consenso do grupo a que pertençam –, a esses bruxos, agir em caráter pessoal, seja para seu proveito, seja para bem de outrem, de sua particular afinidade e estima.

Outrora, era vedado divulgar os segredos da chamada *Arte Oculta*, ou *Arte Mágica* (Magia), dados os riscos e as perseguições movidas pelas autoridades civis e eclesiásticas, sendo a punição de bruxas e bruxos, como, aliás, é notório, a prisão, torturas e morte, tanto por enforcamento como na fogueira.

Hoje em dia, entretanto, em que há liberdade de opinião e culto – exceto em alguns países –, muitos de tais segredos podem ser conhecidos, e sua divulgação concorre para aumentar o número universal dos feiticeiros e feiticeiras, o que redunda em maior força e poder da nobre *Arte*.

Na verdade, ela constitui uma religião, com seus próprios cânones, teologia, filosofia, liturgia e dulia, esta última, com sentido especial e típico.

Eis que, com o advento do Cristianismo e sua imposição autoritária e violenta alguns séculos mais tarde, o sentimento religioso dos povos cristianizados foi sufocado em sangue e, aparentemente, extinto pelo fogo. Mas os antigos deuses e forças naturais simbolizadas sob aspectos e denominações variáveis permaneceram objeto de culto, guardando-se-lhes a tradição. Além de seu caráter puramente místico, a religião antiga oferecia vantagens práticas, sob a forma de efeitos curativos (medicina baseada nas virtudes cósmicas das ervas, colhidas em tempo próprio e assim preparadas e servidas) e de efeitos mágicos de influência psíquica e mental. Estes últimos representavam (e continuam representando) o que se entende por "feitiços".

Note-se que o objeto da magia, assim como da bruxaria ou feitiçaria, não é a obtenção de tais efeitos. O fito é, antes, nobilíssimo: a elevação espiritual dos seres humanos e mesmo inumanos. Os efeitos mágicos, medicinais ou de outra ordem são, pois, corolários ou subprodutos da Arte Mágica.

A diferença profunda, que os estudiosos e especialistas do assunto fazem, entre magia "branca" e magia "negra", jaz, sobretudo, na própria utilização da *Arte*. Os magos negros só se interessam pelos referidos subprodutos, e sua atuação é notavelmente egoística e, sem dúvida, maléfica.

Há magos negros que conhecem e praticam a religião antiga dos iniciados apenas com propósitos prejudiciais, e pagarão caro o abuso. Em sua maioria, devotam-se exclusivamente ao satanismo, ou entendimento com as forças do mal.

O movimento universal em prol da divulgação e extensão da Arte Mágica teve início na segunda metade do século passado, mas se tornou justamente incisivo na Grã-Bretanha a partir de 1921, embora somente muitos anos mais tarde, naquelas ilhas gloriosas, se revogasse a legislação antiga contra bruxos, bruxas e suas usanças. Nesse entretempo, contudo, malgrado algumas indiscrições dos magos, a bruxaria foi tolerada.

Atualmente, é considerável o número de adeptos na Europa e na América do Norte, sendo que nessas regiões há grande diversidade de teorias e cultos, bem como formas e modalidades de sortilégios e encantamentos desvinculados do sistema céltico, predominante entre os britânicos.

Por outro lado, há, ainda, que se considerar o sincretismo e muitas adaptações e acomodações. É que a *Arte* adquiriu feições nacionais, incorporando ensinamentos de outras origens, ajeitando-se a influências alienígenas, tanto eruditas como populares, já estas, não raro, de cunho reconhecidamente folclórico.

Tais fatores determinaram a cisão da *Arte* mundialmente, em sistemas eruditos e populares, estes últimos eivados de superstição e inocuidade estéreis, mas também de aspectos danosos, com infiltração satanista.

Agora, que os que nos lêem têm uma noção fundamental do tema, queremos dizer-lhes que elaboramos esta obra cogitando de proporcionar-lhes contato com a magia *prática*, com dispensa da iniciação, e para que cada qual atue como lhe aprouver e for possível.

Desde que suas ações sejam isentas de egoísmo, e não se canalizem em vias maléficas, ganharão força psíquica, preparando-se para a iluminação eventual, até que lhes venha a oportunidade de organizar-se, incorporando-se a grupos legítimos e consagrados.

Muitos dos que já foram bruxos em vidas anteriores – ao que alegam certos autores especializados no tema – sentirão redespertar em si a memória de seus passados poderes, surgindo lideranças que conduzam a um movimento iniciático, com legitimação de seus feitos. Assim se formarão novos mestres e estes ensinarão às multidões.

Apenas aconselhamos a quantos nos leiam, que não tomem em vão estas doutrinas, nem se comportem, em relação aos sortilégios, de maneira abusiva, visto que se lhes pedirá a paga das forças que tiverem utilizado, se, porventura, as usarem mal.

Os que pretendam, todavia, cumprir os ritos mágicos, precisarão, no exercício das funções pertinentes à segunda parte dos bruxedos, obedecer às prescrições a seguir apresentadas. Trataremos, portanto, dos aspectos materiais da magia, quanto ao exercício dos rituais da tradição céltica.

Necessidades rituais

Os bruxedos podem realizar-se ao ar livre ou internamente. Quando o indivíduo age por si só, é mister que ninguém o observe ou assista a seu trabalho. Por outro lado, para as operações internas, ou em recinto fechado, é indispensável que a atmosfera não seja poluída psiquicamente. Daí a necessidade de um local efetivamente secreto e indevassável.

Tal lugar chama-se *câmara secreta*, ou "templo" (quando se trata de ação em grupo). Esta pode ser um quarto de dimensões regulares, ou mesmo pequeno. Ali não haverá móveis nem tapetes, mas terá de possuir janela, de preferência voltada para o norte. No aposento se levantará um *altar*, ou ara, simples, que descreveremos.

O *altar*, posicionado na direção norte, poderá ser uma pedra negra de granito e, em sua falta, uma simples mesa de madeira negra ou pintada dessa mesma cor. Sobre ele haverá uma toalha, de veludo negro ou roxo, tendo pintada no centro, ou bordada a fio de ouro ou seda amarela e brilhante, uma estrela de cinco pontas, denominada pentáculo. Para cerimônias mais ou menos complexas, muda-se a toalha, usando-se cores simpáticas, mas isto constitui objeto de interesse apenas dos iniciados, o que não é o caso presente.

Sobre a toalha, no ponto correspondente ao *norte* do pentáculo, haverá uma vasilha redonda, ou bandeja, de prata ou cobre. Por corresponder ao elemento *Terra*, será coberta de sal grosso triturado. Pode haver sal, ali, permanentemente, ou será colocado toda vez que se oficiar um rito.

Admite-se que o receptáculo para sal seja de louça branca, e o pentáculo de pergaminho virgem, desde que se trace nele o símbolo da estrela de cinco pontas.

No ponto correspondente ao *sul*, haverá um incensório ou *turíbulo*, que representará o elemento *Ar*. Dispensam-se especificações, mas será melhor de prata ou cobre.

A *leste*, haverá uma vela de cera vermelha, das de libra (peso), num castiçal de prata, cobre ou louça, que jamais tenha tido outro uso. A vela acesa representa o elemento *Fogo*.

A *oeste*, finalmente, ficará uma copa ou cálice, de prata, cobre ou cristal fino, virgem, com água pura (de preferência de fonte). Figura o elemento líquido, ou *Água*.

A *Terra* e o *norte* estão sob regência do anjo Ariel, sendo domínio elemental dos *gnomos*; naipe de *ouros*.

O *Ar* e o *sul* estão sob regência do anjo Rafael e domínio elemental dos *silfos* e *sílfides*; naipe de *espadas*.

O *Fogo* e o *leste* estão sob regência do anjo Miguel e domínio elemental das *salamandras*; naipe de *paus*.

A *Água* e o *oeste* estão sob regência do anjo Gabriel, e domínio elemental das *ondinas*; naipe de *copas*.

A propósito, Ariel, Rafael, Miguel e Gabriel são, propriamente, arcanjos, ou chefes de hostes angélicas, constituindo elemento sincrético da Arte Mágica dos celtas, tal como praticada atualmente, mas os magos os chamam de anjos, ou *Mlokhîm*, segundo sua denominação hebraica.

Trata-se de contribuição da magia judaica, por meio da *Cabala*, de contatos havidos desde a Idade Média, entre feiticeiros hebreus e bruxos de várias partes da Europa, principalmente da França, Itália, Espanha, Irlanda, Gales e Escócia.

Do lado esquerdo do altar, isto é, a oeste, haverá ainda uma *vara de condão*. Pode ser de aveleira, azevinho, ébano, cedro, carvalho ou pau-rosa, com a extensão de uma bengala comum. Admite-se, contudo, o comprimento de um côvado (do cotovelo ao punho dos magos, na prática). Será reta e de pouca espessura. Quem puder, usará a longa e a curta. Para os não-iniciados, dispensam-se gravações com símbolos mágicos (ilustração da pág. 29).

Do lado direito da ara, ou seja, *a leste*, ficará também a *espada*. Será de aço, quanto à lâmina, mas aguarda, em cruzeta, poderá ser de osso, chifre ou qualquer metal, trabalhada ou não. Os lavores teriam de formar símbolos específicos, dispensáveis, contudo, aos não iniciados. A espada polariza as forças ígneas (elementais), assim como a vara de condão, as aquáticas. Esta é negativa; a espada, positiva, como arma miguelina.

As feiticeiras, mormente, usam facas de cabo preto (pintadas) ou de chifre, cujo nome é *athame*, denominação extensiva à própria espada.

Do lado correspondente ao *Ar*, *sul* ou Rafael, estará uma *sineta* (de louça, prata ou bronze) de som distinto e agudo: com ela se imanta a atmosfera, ao tanger-se a mesma.

Da banda do *nordeste*, assim como do *sudeste*, ficarão, respectivamente, velas de cera branca e altas, que iluminem a ara. Os iniciados usam cores variadas, que se harmonizem com suas vibrações pessoais. Os castiçais precisam ser sóbrios, mas qualquer material é aceitável. Prefira-se prata, bronze ou louça.

Do lado direito, coloca-se um caderno de folhas de pergaminho virgem, sem pautas. É o "grimório" (do francês *grimoire*, corruptela medieval de *grammaire*, ou seja, "gramática"). É um livro para anotações mágicas. Nele, o bruxo ou feiticeira inscreverá suas observações e símbolos.

Outrora, era escrito em alfabeto secreto, consistindo em linhas oblíquas sob um traço forte. Esta escrita é baseada nas runas dos escandinavos (*ver ilustração da pág.* 19).

Numa parte desse caderno, o postulante à *Arte* redigirá o texto integral, que apresentamos em apêndice a esta obra, do *Livro das Sombras*, o qual é o regulamento secreto dos adeptos da magia.

Seu texto costumava ser transmitido durante as iniciações, sendo escrito com o sangue do iniciado e de seu próprio punho, com a "pena da arte". Aconselha-se, atualmente, que se use pena de pato ou ganso, branca, e tinta vermelha. Pode-se, ainda, usar tinta simpática (suco de limão, por exemplo). A escrita fica imperceptível, mas, se aquecida à chama de uma vela, aparece em contraste negro.

É particularidade importante o fato de que as velas só devam ser acesas com fósforos, os quais ficarão numa caixa ou estojo forrado de veludo negro.

Feiticeiras e bruxos precisam ter uma *túnica de linho branco*, de mangas amplas e decotada. Aos não-iniciados dispensam-se bordados ou inscrições mágicas nessa roupagem. Excusado frisarmos que só se usa a túnica na câmara secreta, durante cerimônias que a exijam.

Comumente, as mulheres oficiam desnudas, exceto por seus talismãs e jóias (anéis cabalísticos, pulseiras e o rosário, de quarenta ou setenta contas ou peças). Essas contas podem ser de coral, âmbar, caroços de oliva, madeira, pérolas, passadas num fio de seda vermelha, tríplice.

As feiticeiras não podem oficiar com pulseiras ou braceletes de ouro, apenas cobre ou prata. Os bruxos podem usar os de ouro ou cobre, mas, em sua maioria, os dispensam. Há outros adereços de que são isentos os não-iniciados, motivo pelo qual não os descreveremos.

Numa caixa de cedro, forrada de negro, guardar-se-ão relíquias diversas, dos oficiantes ou pessoas que estes desejem influenciar, que não podem ficar misturadas. Haverá no estojo divisões para este fim. As relíquias mais comuns são pêlos pubianos e das axilas, cabelos, aparas de unhas e fragmentos de roupas íntimas, além de objetos de uso pessoal, sendo melhor os presentes recebidos daqueles a quem se pretenda enfeitiçar.

Quanto às plantas e contribuições animais ao material das cerimônias e bruxedos, a rigor deveriam ser obtidas sob auspícios astrológicos para sua maior eficácia, de acordo com os ciclos de pulsações cósmicas, em determinadas épocas, lunações, estações do ano e circunstâncias variáveis. Sugerimos que se consultem boas obras de astrologia, nas quais se indicam os metais, plantas e animais regidos pelos vários planetas e influenciados pelos doze signos do Zodíaco. Infelizmente, a extensão desta obra não comporta as especificações.

Sem embargo, seguindo-se as instruções dadas com respeito aos encantamentos, serão conseguidos os resultados em vista, independentemente da simpatia astrológica aludida. Não esquecer, contudo, que melhor seria se isto fosse possível.

Iremos fazer referência, nos encantamentos, ao *círculo mágico* (*ver ilustração da pág.* 141). O objetivo deste último é proporcionar toda a proteção necessária ao oficiante. O círculo deve ter medidas mais ou menos precisas, variáveis entre 1,5 m, 2 m e 3 m de diâmetro. A tradição especifica cinco, sete e nove pés.

O altar é inscrito no círculo mágico, ficando do lado setentrional. Muitos iniciados, contudo, o situam na banda do leste, ou no centro. No trabalho em grupo, entretanto, o altar não pode estar senão ao centro, voltado para o leste. Em algumas ocasiões, dispensa-se o altar, usando-se o círculo mágico como se fora o próprio altar.

O traçado se faz com a ponta da espada ou *athame* (que pode ser a faca aludida e descrita), seguindo-se a direção dos ponteiros do relógio, ou da direita para a esquerda; e começa-se da parte do altar, onde, naturalmente, também se encerra.

Delimita-se, depois, a área com uma corda vermelha, ou usa-se giz vermelho, negro ou branco.

Nada se faz fora de tal círculo. A desobediência a esta prescrição poria em risco o oficiante, assediado que seria pelas forças maléficas ou elementais desgovernadas. Podem-se usar, ainda, seixos ou conchas para marcar os limites do círculo, e esse material estará sempre guardado numa caixa de madeira (cedro, teixo, nogueira ou carvalho), forrada de veludo vermelho.

Feiticeiras e magos iniciados, contudo, traçam o círculo com uma corda, o "cíngulo", que usam passada em torno da cintura. É formada de fios vermelhos, habitualmente de seda, com medida de nove pés, ou cerca de três metros.

Todos os objetos do altar precisam de consagração, que se realiza com água, benta pelo sumo sacerdote ou pela suma sacerdotisa. No caso, porém, de bruxos e feiticeiras independentes, estes devem consagrar o líquido, sem benzê-lo, porque não têm força nem poder ou autorização para tanto, e seu ato seria nulo e ridículo.

Eis como se consagra: toma-se banho completo, sem uso de sabonete ou sabão. A seguir, coloca-se numa copa, que seja virgem e de prata, uma quantidade de água pura, pluvial ou de fonte, adicionando-se pontas de pinha, picadas com o *athame*, um rizoma do conhecido selo-de-salomão, uma pedrinha de sal grosso.

Usa-se um ramo de rosmaninho (em tal caso, Lavanda stoecha, não servindo as demais), com o qual se tocam o peito e a fronte, em aspersão, depois de molhar-se a ponta.

Esta preparação é protetora e indispensável. Em seguida, o bruxo (ou feiticeira) traça o círculo mágico, estando nu e tendo ao pescoço o seu talismã pessoal – que se descreve no capítulo intitulado "Proteção contra toda sorte de malefícios e resguardo de bruxaria rival", que se encontra mais adiante neste livro.

O primeiro passo será a aspersão dos quatro cantos da câmara mágica, iniciando-se pelo oriente, e da direita para a esquerda. Com o ramo de rosmaninho empunhado na destra, lançam-se em cada um desses ângulos algumas gotas do líquido da copa.

Há fórmulas, versos que se cantam, para cada um desses atos de aspersão, porém não os revelaremos aqui, porque só podem ser transmitidos em cerimônia iniciática, e apenas são usados com a água benta pelo sumo sacerdote ou a suma sacerdotisa.

SUGESTÃO AOS NÃO-INICIADOS

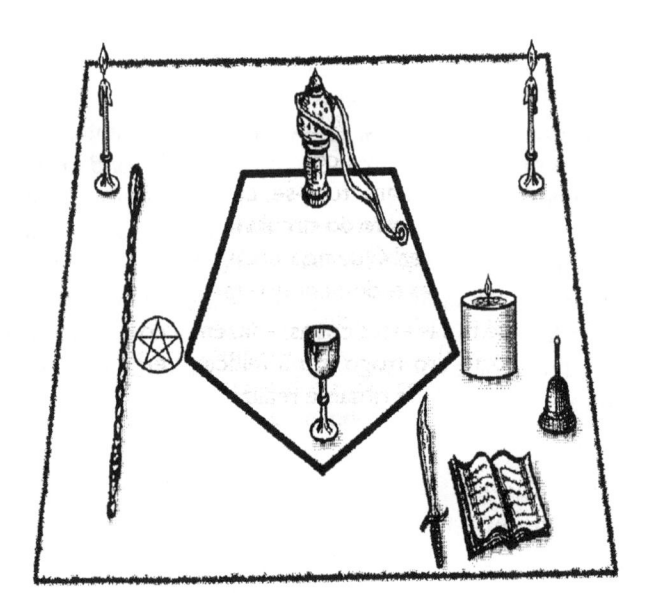

As que não tiveram o privilégio nem a oportunidade de iniciação regular, sugere-se que armem um altar mágico com os objetos essenciais, segundo se mostra neste esquema: sobre uma toalha, duas velas (uma em cada extremidade); ao centro, o pentáculo, com o vaso de incenso e a copa: à esquerda, a vara de condão; à direita, junto a um dos ângulos do pentáculo, uma vela grossa e curta, o *Livro das Sombras* (ou o "grimório" com o texto do referido livro), o *athame* e a sineta.

Bastará, de cada vez, o postulante dizer: "Eu te consagro pelos quatro elementos, em nome de Cernunnos e de Arádia, de quem invoco toda proteção, graça e poder a esta câmara, altar e o mais que haja presente; e assim seja".

Aspersos os quatro pontos cardeais, faz-se o mesmo com relação ao altar, lançando-se a água sobre a toalha, onde está o *pentáculo*, bem como sobre os quatro cantos da própria ara. Nessa mesma ordem, seguem-se: o *Livro das Sombras* (propriamente o "grimório")[2], em seus quatro cantos; as velas, que serão acesas neste exato momento; o turíbulo (que somente então será posto no altar); novamente o pentáculo, atirando-se sobre ele, ainda, uma pitada de sal; o cálice; a varinha de condão; o *athame* (faca ou espada), que será seguro entre as palmas das mãos e colocado depois na ara.

Feitas todas as aspersões, consagrando-se, portanto, o material mágico, o ambiente e a ara, toca-se, com a vara de condão, três vezes, energicamente, o centro do círculo mágico, dizendo-se: "Que haja poder! Que haja poder! Que haja poder! Eu te consagro, e possam as bênçãos dos deuses e elementos estar sobre ti. Assim seja".

Dispondo de todas essas coisas, e fazendo conforme indicado e recomendado, o futuro mago, ou a feiticeira em perspectiva, já poderá atuar, cumprindo os rituais e realizando seus encantamentos de magia céltica.

---

2. Costuma-se, no País de Gales, colocar o "grimório" no chão, do lado esquerdo do altar, para maior influxo de energias elementais terrestres.

Proteção contra toda sorte de malefícios e resguardo de bruxaria rival

Os bruxos e feiticeiras do *Caminho Natural*, também denominado *magia branca*, não fazem mal a ninguém. Todas as suas obras, quando não em proveito próprio, ou de outrem que lhes busca os favores, se baseiam na ação e no influxo de poderes normais, de que são dotados todos os seres viventes. E essas forças são disciplinadas e postas em atuação por meio dos ritos, concentrações e canalização dos poderes num determinado sentido, programado para exercer efeitos específicos.

As entidades tradicionais – deuses, deusas, elementos – manifestam-se nas invocações, transmitindo e veiculando, aos magos e feiticeiras, influências físicas e mentais, que resultam em efeitos práticos.

É verdade que o desgoverno dessas potências e capacidades naturais pode redundar, não raro, no mal. Assim como o fogo e a água, conforme se apliquem por ineptos, podem causar danos de ordem vária, com riscos e destruição, o mesmo se passa com a magia.

Entretanto, o objetivo, mesmo, da iniciação é o adestramento dos adeptos, justo para que tais coisas não aconteçam. Tal como o cocheiro hábil sabe o manejo das rédeas, e conhece a cada um de seus cavalos, e nem lhes ignora as excelências e manhas, governando-os, pois, como convém, também os bruxos se afazem às forças com que trabalham, para que as tenham sempre a seu serviço, sem que suas virtudes redundem em vício, degenerando em males.

A título de proteção extraordinária, os adeptos da magia usam talismãs e amuletos, e destes é grande a diversidade. Os mais comuns e aconselháveis, próprios da magia branca, são: o *pentagrama*, que é uma estrela de ouro, com cinco pontas, com inscrições cabalísticas, e que se traz sempre ao pescoço, por uma corrente do nobre metal (as mulheres, porém, devem usá-los inteiramente de prata, isto é, o talismã e a corrente); a *cruz ansata* (*ankh* dos egípcios), a qual é de estilo romano, ou seja, com a árvore visivelmente mais comprida que a travessa, tendo no cimo uma elipse (os metais são os indicados segundo os sexos); o *signo-de-salomão* (saimão, signo-salmão, signo-saimão, sino-salomão, sino-salmão, sino-samão, sanselimão). Este último também se chama estrela-de-davi: dois triângulos entrelaçados, como se vê na venerável bandeira de Israel (*ver ilustração da pág.* 45). Costuma haver no centro uma inscrição hebraica, que é nome de divindade (IHVH, ou XDY, sem vocalização).

Sua feitura, preparo e consagração obedecem a rituais antigos, veneráveis e essencialmente corretos.

Teoricamente, os amuletos, por si mesmos, proporcionam defesa bastante aos que obram magias. Sem embargo, conta-se com recursos contra influências maléficas demasiado agressivas, que são de alta e comprovada eficiência. Os ataques mais violentos, contudo, são provenientes da magia negra, desfechados por aqueles que se dedicam, para sua perda, ao exercício do mal, compactuados que estão com espíritos malignos ou anjos decaídos.

Trata-se, justamente, dos adeptos do baixo animismo, propiciados pelas forças das sombras, usualmente conhecidas como demônios.

Eles existiram desde a mais remota antigüidade, e suas doutrinas e obras não podem ser confundidas com as dos *filhos da Natureza,* que sempre recusaram o auxílio dos seres maléficos.

Está provado cientificamente, através de pesquisas realizadas em centros civilizados, na Europa, que o cérebro humano emite ondas variáveis, que podem ser captadas por outros cérebros, influenciando-lhes os centros nervosos. Tal processo ocorre tanto consciente como inconscientemente. Um espírito carregado de ódio, ou outros sentimentos, construtivos ou destrutivos, exerce ação sobre o ambiente psíquico (individual ou coletivo). Um desses centros transmissores são os olhos, de modo que, descontados os exageros, já não se pode considerar o quebranto ou mau-olhado uma superstição ridícula.

Num bruxedo, é essencial a atuação de fortes cargas de sentimentos, ou *corrente emocional*. Essa "emoção" (*émotion*) é acumulada através de um estado que se atinge pela concentração e pelos rituais, despertando-se, com os últimos, forças inconscientes, que afloram ao consciente, formando um conteúdo que se emite em descarga intensa e poderosa Tais cargas podem ser transmitidas a talismãs, amuletos e objetos ou pessoas, animais, plantas, pedras (gemas) e outros minerais. É assim que se opera, na prática, a feitiçaria, sendo esse, justamente, o propósito da magia prática, precedida da magia cerimonial (ritos).

É fácil, por conseguinte, depreender-se o risco efetivo, realíssimo, dos sortilégios e das mandingas. Isto quando o seu frto é nocivo, como entre os satanistas da *linha negra*.

O valor defensivo dos talismãs está, pois, no acúmulo das forças "ernotivas" ali concentradas e retidas, que fecham um circuito protetor em torno de seus portadores, frustrando as investidas maléficas, intencionais ou casuais (inconscientes ou, também, aquelas que, destinadas a outrem, se descarregam sobre os incautos ou infelizes, que não eram visados pelos maléficos).

No entanto, para reforço das defesas dos bruxos e feiticeiras, malgrado seus talismãs e cerimoniais de purificação (banhos mágicos, etc.), descreveremos uma prática eficaz de resguardo dos que, porventura, resolvam seguir as instruções deste livro, fascinados pelo amavio das doutrinas ocultas.

Diferentemente dos sortilégios ensinados, prescinde-se de materiais mágicos de qualquer espécie, usando-se, tão-só, o aparato dos ritos de bruxedo. A condição essencial é que seja período de plenilúnio ou de lua crescente.

O oficiante dirige-se ao altar, cumprindo ali o cerimonial das invocações aos deuses, deusas e entidades ele mentais. Isto posto, acende-se o braseiro, que precisa ficar no centro exato da ara.

Operando desde o círculo mágico, naturalmente, o bruxo, ou a feiticeira, retira uma pitada de sal consagrado, do que sempre fica no *pentáculo*, e o põe no *cálice* sacramental (contendo água pura), repetindo a operação num total de três vezes. O sal representa a *terra*, assim como o próprio pentáculo, que é um dos quatro elementos mágicos e filosóficos, regendo-se pela ordem dos *gnomos*. Houve, por conseguinte, junção sutil do *elemento aquático* (ordem das *ondinas*) com sua irmã, *elemento terrestre*, o que redunda num par de cargas equilibradas (a terra é positiva e masculina, ativa, fecundante; a *água*, passiva, feminina, negativa, gestante, em resultância desta cópula mágica).

A seguir, introduz-se a ponta da espada (simulacro do falo ou órgão reprodutor masculino) no cálice, aquecendo-se, depois, rapidamente, essa mesma ponta nos fumos do incenso do turíbulo, que permanece na ara. O passo seguinte consiste em passar-se a arma pela chama de uma vela, das que sempre ficam no altar. Assim, se ultima a ligação com mais dois elementos: o *ar* (que é o fumo do incenso, negativo, feminino, passivo) e o *fogo* (chama da vela: positivo, masculino, ativo). Está cerrada, portanto, a cadeia elementar, formando-se, idealmente, uma cruz simbólica, que representa o próprio ser humano integrado na natureza, na plenitude de suas forças cósmicas.

O número *quatro*, formado de quatro unidades fundamentais mas diferentes entre si, representa, no simbolismo da numerologia – que é a ciência oculta dos números e seus valores mágicos –, o *Tetranômio*, sob regência de Júpiter, o deus protetor, por excelência, do Panteão romano (Zeus dos gregos). Estabelece-se, destarte, uma correlação astrológica nesse ato de magia.

Bastaria esse rito simples. Porém, alguns ciclos da Arte Oculta aconselham, por precaução, repetir o processo, completando-se o cerimonial três vezes. Isto assegura a propiciação de Saturno, que é o patrono tradicional dos bruxos. Sua figura sagrada é o *triângulo*, assim formado simbolicamente.

Como de costume, durante o ritual, canta-se:

> "Ó elementos, que vossa força apareça,
> Terra e Céus, e Sol e Mar[3],
> Que todo o mal aqui pereça
> E nada mais me venha ameaçar."

O oficiante recua para dentro, isto é, para o meio do círculo, brandindo a espada, com a qual forma uma figura imaginária, espiralada, em três voltas, em torno de seu corpo – iniciando pela cabeça, a partir da esquerda para a direita. E o fará de tal maneira que abranja

---

3. A Terra é um dos elementos; o Sol representa o *fogo*; o Céu, o *ar*; o Mar, a *água*.

toda a sua estrutura, fechando um círculo pelo perímetro do crânio; outro, no contorno do peito (à altura do coração), e o terceiro, embaixo, junto aos pés, tocando a terra com a ponta da arma. Lança depois a saliva, três vezes, no braseiro que se acha na ara (carvões de lenha), exclamando, em declamação, ou cantando:

> "Tuas maldições, mil artes de embruxar,
> Contra mim são impotentes.
> Pela Terra e o Sol, o Céu e o Mar,
> A ti as retorno, inclementes,
> Da tríade pelas forças benfazejas,
> Que tu, e só tu, o atingido sejas."

Mas, se souber o nome do satanista ou mago negro, deverá pronunciá-lo, incisivamente, em vez de "e só tu".

Depõe-se a espada na ara, recolhendo-se a varinha de condão, com que se toca o solo, dentro do círculo, três vezes, com violência. Esta prática assegurará bastante proteção.

Entretanto, não raro um bruxo ou feiticeira experiente distingue aqueles que lançam maus-olhados. E a defesa há de ser imediata: toca-se o amuleto, fixando-se o olhar na pessoa, com firmeza, no pleno de suas pupilas, dizendo-se:

> "Valho-me contra o poder da feitiçaria,
> Pelas bênçãos do espírito, noite e dia."

Invoca-se, três vezes, então, o nome da entidade protetora do bruxo ou feiticeira que assim se defende. Isto também é válido contra imprecações, pragas, injúrias, maldições e rogos vis.

Pode-se ainda, o que não aconselhamos – por sermos adeptos da doutrina do perdão, e contra todo e qualquer tipo de vingança –, recitar, em voz baixa, a *lei* do retorno pela tríade, a mesma que se canta na cerimônia com a espada.

Também é bom esconjuro erguer a mão para a pessoa maléfica, com o dedo mínimo e o indicador da mão direita estendidos, recolhidos os demais – e tal é o signo dos magos brancos, quando se saúdam –, dizendo-se, porém: "Invoco contra ti a Lei Trina". Ao se fazer o gesto, avança-se três passos na direção do injuriador.

Adverte-se que a indiscrição é nociva. Ninguém deve proclamar sua condição de bruxo. Poucos compreendem o sentido de tão nobre e poderoso estado. Os supersticiosos ficariam apavorados. Os amigos, parentes e vizinhos evitariam o mago. Os pseudo-evoluídos, ou pessoas de formação científica ortodoxa, ateus e descrentes, fariam o pior juízo possível acerca do adepto de Arádia e Cernunnos. Quanto mais segredo se guardar de nossos poderes ocultos, maiores serão os seus efeitos, e grande a felicidade assim proporcionada. O objetivo é, sobretudo, o bem e o amor, não a glória ou a fama, menos ainda, o que é tanto mais grave, inimizades, perseguições ou ridículo.

É por isto que tais artes se dizem *ocultas*: o segredo preservou bruxos e feiticeiras, ao longo de milênios, sem que as fogueiras da Inquisição e toda sorte de oposições destruíssem as tradições preciosas de muitos povos.

Primeira parte dos bruxedos de amor

Descrição de práticas e
sistemas europeus e orientais
de provada eficácia
desde tempos remotos

Arte geral dos feitiços de amor

O feitiço da água de melissa
(para moça arranjar casamento)

Há muitos namorados ariscos, os quais engabelam as mocinhas, prometendo casamento, quando, na verdade, suas intenções são outras. E assim vão protelando o sonho máximo de todas as filhas de Eva.

Isto acarreta desgostos e nervosismo às casadouras, levando-as, por vezes, ao desespero.

Entretanto, há bruxedos específicos para se apressar o matrimônio, com alegre consolação das meninas.

Assim, pois, ardendo-se alguma donzela para ir ao altar com seu eleito, e sendo ele desses que prometem e não cumprem, ou que adiam a data almejada, a namorada ou noiva cuida, inicialmente, de obter uma prenda.

Esta pode ser uma peça de roupa do rapaz, sendo melhor, todavia, um de seus lenços. E a pequena deve usar de ardis e astúcia, para que o tal não lhe descubra o fato nem o intento.

De posse do lenço, e sem o lavar, ou deixar que qualquer outra pessoa o toque, ela o conduzirá consigo à igreja mais próxima.

Ali, estenderá a peça sobre uma vela de cera, que acenderá em intenção de seu anjo da guarda, fazendo com que a fumaça toque a prenda inteiramente.

Há certas feiticeiras que aconselham, em vez disso, o banho ou imersão do lenço em água benta, o que é um condenável sacrilégio, que veementemente condenamos.

Levando consigo o lenço para casa, ela se banhará e enxugará suas partes íntimas com ele, depois o dobrará e guardará em seu seio, durante sete dias e sete noites.

Feito isto, com a mesma astúcia dantes empregada para o obter, haverá de recolocá-lo no bolso do amado.

Nessa ocasião, dirigirá prece a seu anjo da guarda, pedindo-lhe, com suas palavras improvisadas, e muita sinceridade e fé, que a proteja e inspire o noivo a tomar juízo e resolução, marcando o casamento.

Antes de deitar-se, escolhendo um de seus próprios lenços recomenda-se que seja de boa seda –, verter-lhe-á sete gotas de essência de flor de laranjeira (água de melissa também servirá ao efeito mágico).

Durante sete dias, toda vez que tomar banho, enxugará suas intimidades com tal lenço. Findo o prazo, guardará a peça em seu enxoval.

Bastará, agora, à alegre bruxinha esperar a decisão, que virá com certeza, e ser muito feliz. Entretanto, jamais se desfará de seu próprio lenço, utilizado nesta receita mágica.

Bruxedo amoroso pela virtude do salgueiro

(para atrair afeto e afastar rivais)

O salgueiro, ou sinceiro, de que há muitas espécies e variedades, está em feitiçaria muito ligado a amores. Porém, sua força ou potência máxima se encontra na raiz, de conformidade com os ensinamentos do alquimista Paracelso, um dos nomes mais ilustres do Ocultismo.

O objetivo deste feitiço é atrair o afeto de algum homem, ou alguma mulher, segundo o capricho variável dos sexos.

Uma tradição atribui aos árabes e judeus as primeiras práticas com o salgueiro (recomendamos *Salix alba*), mas uns e outros teriam trazido o ensinamento, a tal respeito, das terras de Babilônia.

Para se conseguir o efeito, a interessada sai de casa à meia-noite, numa sexta-feira de lua cheia e, utilizando-se de um canivete virgem, corta um pedaço de raiz de um sinceiro.

Tornando ao lar, acende uma vela cor-de-rosa ou amarela, da melhor cera, e em suas chamas queima esse fragmento de raiz, colhendo o sumo escorrido numa tigela de barro que seja realmente virgem.

Na ocasião, dirigirá uma prece ao anjo Mitráton, pedindo-lhe que afaste da pessoa amada todos os demais pretendentes (ou as demais) e que lhe conceda seu próprio amor.

Antes de recolher-se a dormir, a feiticeira tomará um banho completo, com água e sabão, despejando depois, sobre a cabeça, os seios e as partes íntimas, água de rosas brancas, com uma infusão de pau-d'alho (que em certas regiões também se chama de *guarema* e *guararema*, identificando-se, para maior certeza, como *Gallezia gorazema*).

Tal banho, consoante a doutrina dos entendidos na matéria, exerce funções protetoras, afastando todo mal e também a influência de rivais, assegurando o fim em mira e serenidade de espírito.

Com efeito, o despreparo de muitas feiticeiras, e de outras pessoas que realizam práticas ocultas, pode infundir desânimo, propiciando o assédio de potências malignas.

Aqui nossa palavra de advertência e precaução.

Encantamento para se fazer amar
(pelas virtudes do sangue da moréia)

Embora este feitiço se faça na região meridional da Europa com uso do delicioso peixe conhecido como enguia, em nossos climas se obtêm os mesmos resultados recorrendo-se à moréia.

Esta é popularmente chamada de *caramuru* e costuma ocultar-se em tocas próximas às praias, identificando-se como *Lycodontis moringa* (Cuvier), para que não haja confusão alguma.

E, pois, a dama apaixonada por um certo homem deve ir a uma feira, em qualquer dia da semana, menos sábado ou domingo – de preferência, numa segunda-feira –, adquirindo lá uma bela moréia, ainda fresca.

Levá-la-á para casa e, sem que ninguém assista aos passos da obra mágica, recolherá todo o sangue que ainda reste no peixe e o colocará num cálice de cristal virgem, com duas gotas de limão-galego, uma pedrinha de sal grosso e três gotas do suor de suas partes íntimas. Completará a beberagem, denominada pelos alquimistas *filtro de amor*, com uma dose de vinho do Porto.

Quanto à própria moréia, cozinhá-la-á com cebola, alho, coentro, pimentão vermelho (não pode estar verde) e mais outras especiarias de seu gosto.

Servirá o peixe e o vinho ao pretendido, o qual, vinte e quatro horas depois, não pensará em outra mulher e sentirá vivo desejo de possuir aquela que lhe ministrou o filtro e lhe ofereceu a refeição. E tamanho será seu ardor que, para ter a dama, não hesitará em casar-se com ela, por mais estranhos que lhe sejam os antecedentes.

Entretanto, advirta-se que o cálice tem de ser guardado em segredo. Se, porventura, se partir ou se perder, desaparecerá o encanto deste bruxedo.

Pomada mágica com prendas de asno para aumentar atração e forças viris

(receita ôos magos ôa Arábia)

Quando uma dama apaixonada vê rejeitados os seus favores, tem um recurso infalível, segundo os ensinamentos mais antigos dos bruxos e feiticeiras árabes, que nos legaram tal segredo durante o seu domínio em Espanha.

O primeiro passo consiste em obter, de qualquer maneira, os testículos de um asno baio, o qual não tenha pêlos de outra cor.

É bom que tal se dê num sábado, por motivos astrológicos de máxima influência planetária. Mas, em último caso, é aceitável que isto se dê numa terça-feira.

As prendas asininas devem ser lavadas, inicialmente, numa calda de azeite fino e folhas de fumo, depois maceradas num almofariz virgem, que seja todo de ferro ou de chumbo, com socador do mesmo metal.

A seguir, o material obtido tem de ser cozido em fogo brando, passando-se o produto da cocção por uma peneira de tela fina, que nunca tenha sido usada. E a trama há de ser toda de ferro.

Bastará, agora, que a interessada tome um banho completo e, depois de enxuta, unte a cabeleira e as axilas, bem como a área pubiana, com uma pomada que fará da substância obtida e mais ingredientes.

A dita pomada, feita com o produto da cocção, terá ainda em sua fórmula álcool fino, almíscar e sumo de rosas vermelhas, além do principal, um óleo perfumado, com a essência preferida do homem eleito.

O feitiço aqui descrito é tanto mais eficaz quanto mais o indivíduo se mostre avesso às aproximações da apaixonada.

Além de deixar o enfeitiçado caído de amores, este encantamento oferece a vantagem adicional de aumentar-lhe as forças viris. Mas não terá atração por nenhuma outra mulher, por mais bela e sedutora que possa parecer.

Magia vegetal para inspirar paixão

(receita dos árabes de Espanha)

Pela mesma tradição mágica a que nos referimos antes, é possível à mulher fazer-se amar prontamente por homem arredio, desde que siga à risca o que aqui ensinamos.

Com efeito, principiará por cortar um galho de certa planta que se chama *trovisqueira*, a qual é um arbusto da família das Timeliáceas, identificado como *Daphine gnidium*, – o qual não pode ser confundido com o chamado *trovisco-macho* (*titímalo-maior*, em linguagem erudita).

A parte assim cortada será de uns dois bons palmos, medidos pelo corpo da própria mulher.

Ela cortará, com faca virgem, sete entalhes na casca e depois deixará a varinha, assim preparada, "repousar" astralmente ao relento, sob os eflúvios do luar, a fim de que seja devidamente imantada.

No dia seguinte, ao raiar o sol, clareando o horizonte no leste, colherá a varinha e verterá sobre ela suas primeiras águas matinais. Ligará, desta maneira, os mistérios de seu sexo com esse amuleto.

Agora, terá de procurar um cachorro negro, o qual não tenha nem um só pêlo de outra cor. Alimentá-lo-á com carne fresca e acariciar-lhe-á a cabeça, pois o animal estranhará o seu procedimento. Uma vez aquietado, ela o "imantará" com a varinha mágica, passando-a sete vezes pela cabeça e sete vezes pelos testículos.

Ato contínuo, retirará com cuidado a casca, fazendo desta um bracelete, que trará no punho direito quando for falar com o homem de suas intenções.

Ao aproximar-se dele, estender-lhe-à a mão ternamente. Logo que tocar a mulher, o homem será magnetizado, apaixonando-se, e ela dirá, mentalmente, estas palavras mágicas:

"*Yá húbbi, Yá húbbi, Yá húbbi, inámi ma'i, Yá habîb.*"

Se não for mais virgem, ela deverá aproveitar o momento e a intensidade da paixão de seu eleito, induzindo-o a dormir com ela imediatamente. Com isto, ele ficará perdido de amores.

Se donzela, porém, permitirá só algumas liberdades, dando ao amado um antegozo do que poderá ter para seu desfrute. Ele, prontamente, desejará pedi-la em casamento.

Numa ou noutra circunstância, é bom que, depois, ela mantenha a pulseira escondida no colchão, sendo tal prenda mágica a garantia da dedicação do enfeitiçado.

Bruxaria da erva-moura para forçar amante a casar
(receita oriental de potência infalível)

Existe uma erva conhecida entre nós como *araxixu* ou *caraxixu*, a qual é da família das Solanáceas, a mesma a que pertence o tabaco, classificada cientificamente como *Solanum nigrum* e dita *erva-moura*. E a identificamos porquanto, em caso de confusão com outra, opera reversão de feitiço, danando a praticante.

Seu uso se faz quando a mulher toma amante, sem que este pretenda levá-la ao altar, consagrando e oficializando o seguro matrimônio.

Numa noite de luar, que coincida com um sábado, vai a mulher a um campo e extrai, com as raízes, um belo pé de erva-moura.

Lavando a planta em água tratada com sal grosso, cuida de macerá-la bem, num pilão de madeira virgem.

O sumo tem de ser recolhido num frasco virgem, com um vinho doce e de boa qualidade, porém branco.

Passados sete dias, ela convida o amante a tomar uma refeição consigo, e não há necessidade de que o repasto seja especial. Entre

SANSELIMÃO, ATHAME E CRUZ ANSATA

O poderosíssimo talismã conhecido por *sanselimão*, signo-de-salomão e outras denominações é a estrela de Davi, rei de Israel. A parte escura é de ouro; a clara, de prata, simbolizando, respectivamente, as forças solares e masculinas, e lunares e femininas. O *athame*, que é propriamente uma faca mágica que sempre fica no altar, pode ser substituído pela espada. A palavra vem do árabe *ábethame*.

A Cruz Ansata ou *Ankh*, é um dos símbolos mais importantes da bruxaria egípcia, simbolizando a vida eterna, sendo utilizado em talismãs. Assegura proteção e é constituído da letra grega (de origem fenícia) TAV, encimada por uma elipse. Representa o espírito, em toda a sua plenitude, força e beleza, encarnado num ser humano.

tanto, na véspera, terá adicionado ao vinho sete gotas do banho de suas partes íntimas.

No decurso da refeição, dará um jeito para que seu amante tome exatos sete cálices da beberagem, sem exceder essa conta.

Quando ele terminar de beber, ela rezará em segredo, suplicando aos espíritos protetores das plantas que eles lhe sejam favoráveis, forçando o amado a casar-se com ela.

Este, contudo, ficará de tal sorte empolgado pela dama que, alegre e feliz, logo a pedirá em casamento e nem voltará atrás em sua palavra.

Se já for casado, abandonará a esposa para viver definitivamente com sua querida feiticeira.

Feitiço da cola de 13 pinhas
(para forçar decisões matrimoniais)

Quando um namorado ou amante não decidir o casamento, a pretendente terá recurso fácil para obrigá-lo a resolver-se.

A bruxaria se faz com pinhas. Trata-se aqui, contudo, não de anonáceas quaisquer, mas de *sementes de pinheiro*.

Chegada certa noite de lua nova, a dama apanhará treze dessas sementes. Levando-as para casa, aguardará a madrugada, quando se banhará por completo, ataviando-se como se fora sair a passeio. E usará suas melhores roupas, toucado e perfumes, mas estará sem calcinhas e terá os seios descobertos.

Abrindo a janela, mostrar-se-á ao sol, oferecendo-lhe e consagrando-lhe as pinhas. E dirá assim:

> "Hélie, hélie, hélie! Phoibe, phoibe, phoibe! A ti consagro estas sementes e rogo que sejas benigno para comigo, concedendo-me a paixão e afetos de fulano, por quem me ardo de amores, assim como teu próprio fogo, ó Sol, abrasa e faz arder a terra, excitando-lhe amores. E que assim seja, agora e sempre!"

Depois, cozerá as pinhas em água e sal grosso, com sete cravos e um pedaço de casca de canela.

Comerá, então, sete, guardando-lhes as cascas, e as seis restantes serão picadas com uma faca virgem. Juntos os pedaços, em seguida, às tais cascas, prepara-se com eles uma espécie de cola, que a mulher usará para com ela engomar a anágua. Esta terá de ser de linho branco e não poderá ser trocada durante sete dias e sete noites, sendo que, pelo menos três vezes nesse período, estará em presença de seu amado. Um bom reforço é, ainda, passar um pouco da cola nos bicos dos seios, no umbigo e no períneo. Não usará, outrossim, quando se encontrar com seu homem, sutiã nem calcinha, a fim de que suas radiações sexuais se transmitam, plenamente, à aura do pretendido.

Passado esse período, o homem ficará de tal modo apaixonado que proporá casamento imediato ou amigação, se for o caso.

Alcançado o objetivo, é preciso que a mulher queime a anágua e faça um breve com as cinzas, o qual trará sempre consigo, pendurado no pescoço ou costurado a suas vestes íntimas. Se, porventura, o perder, estará desfeito o feitiço.

Encantamento do coquilho para despertar desejo
(com eficácia para homem ou mulher)

Esta obra de magia, que se praticava entre os mouros do Algarve, era baseada outrora em plantas portuguesas. Nestes climas, contudo, e pelas leis das afinidades mágicas, pode efetuar-se com a espécie denominada *Canna glauca*, a qual se chama popularmente de *coquilho*, que é uma representante das Canáceas.

De suas hastes se tira a parte interna, ou âmago, que a interessada (ou interessado) tempera em vinagre de bom vinho, deixando ficar em infusão por toda uma lua.

A operação se faz à meia-noite precisa duma quinta-feira, que é dia de dedicação ao deus Júpiter dos pagãos e ao planeta de igual nome de nosso sistema solar. Assim, estará com plena força astral.

O produto é guardado num vaso de barro, virgem e não vidrado. Na ocasião de ser servido para o bruxedo, é imantado com sete gotas de sangue menstrual da feiticeira, ou com igual número de gotas de sangue do dedo indicador (que é de consagração jupiteriana)[4].

---

[4]. Embora os bons dicionários não registrem a acepção de "jupiteriano" como referente a Júpiter, astrologicamente e em ocultismo em geral, entenda-se este como o seu sentido.

Sempre que homem ou mulher quiser influenciar alguém do sexo oposto, com fins amorosos, oferecer-lhe-á uma gota de tal bebida, misturada com um licor.

É certo que a pessoa assim servida se apaixonará loucamente por quem lhe ministrou a beberagem. E esta se conta, pois, no número dos chamados "filtros amorosos".

Usando-se, contudo, o sangue de um pombo branco, o feitiço serve para trazer vantagens e proporcionar riquezas à própria feiticeira (ou bruxo) que o beber durante toda uma semana, sempre à meia-noite, a partir de um início de lunação.

A magia do grão de centeio
(para acelerar decisões de amor)

Este feitiço tem por finalidade fazer com que uma dama amorosa, ou um varão amoroso leve seu parceiro ou parceira, segundo as circunstâncias, a uma decisão feliz.

Começa-se por tomar vinte grãos de centeio, ainda na espiga, debulhando-os e socando-os num pilão novo de cedro.

À farinha grossa assim havida, se adicionam água e sal grosso, elaborando-se uma pasta. Deixa-se secar bem, mas sem juntar fermento nem levar ao forno.

Com o material faz-se uma bolacha, da qual se corta metade, com faca virgem, dando-a para um galo branco comer, depois de este cantar pela madrugada seu primeiro canto. Isto há de acontecer quando houver lua nova.

A outra metade, porém, é embrulhada num pedacinho de seda branca, que se costura bem, de modo a conseguir-se prenda discreta.

Quando a apaixonada estiver com o homem que pretenda conquistar, cuidará de colocar-lhe a peça no bolso. E se for bruxo apaixonado, este a porá na bolsa da mulher. É preciso que a metade da bolacha ali fique, pelo menos, umas três ou quatro horas.

Na ocasião do truque, quem pratica o feitiço dirá:

"Pelas virtudes salutares do centeio, que é pão vital, em que há o germe e a força da reprodução, e que alimenta a carne, o sangue, os ossos e o amor que vibra no coração e alma de todos os seres, eu imploro aos meus amigos e protetores do

Espaço que me auxiliem neste transe. Deles espero influenciar os sentimentos de fulano de tal, no sentido de que jamais possa estar em minha presença sem desejar-me. Que reine o amor entre nós e entre todas as criaturas. E assim seja. *Selah!*"

Mesmo que o enfeitiçado ou enfeitiçada descubra consigo a metade da bolacha, o que lhe causará não pequeno pasmo, isto já não terá importância, desde que decorrido o prazo e a carência a que aludimos.

Grande é a eficácia deste bruxedo, conforme o testemunho de muitos sábios na ciência do Ocultismo.

Bruxedo amoroso da resina mágica
(para forçar a paixão e a docilidade feminina)

É sabido de todos, e sempre assim foi, que é muito fácil às mulheres lograr o interesse dos homens, nem que seja passageiro e temporário, sendo, porém, difícil, quase sempre, aos homens influenciar qualquer mulher, mesmo por breve tempo. É que, pelo cavalheirismo, dedicação e exemplos tradicionais, a mulher se valorizou demasiado aos olhos masculinos, a um tal ponto que se deixa requestar, fingindo não querer o que deseja, cônscia de que, além do amor, será possível ter algum proveito material.

Isto explica que a prostituição seja a profissão feminina mais antiga do mundo, e das mais bem-sucedidas e lucrativas, quando a dona possui os predicados eróticos necessários.

E mesmo quando não os tenha, vemos o procedimento das feias, e até mesmo certas bruacas de carteirinha, que se opõem a aproximações galantes.

Isto tem sido causa de entristecimento para muitos homens, mormente os que se desgraçam nas fileiras cerradas dos tímidos. Mas também os audazes têm freqüentes reveses.

Assim, vemos que a maioria dos homens aceita qualquer mulher que deseje copular com eles, a menos que sejam elas repugnantes. O contrário, contudo, não ocorre.

Entretanto, aqui estão os feitiços para corrigir essas desigualdades sociais, induzindo as mulheres à leviandade de procedimento, para gáudio do sexo aparentemente dominante.

Uma forma não muito complicada de as induzir ao que os cristãos chamam de pecado é o bruxedo que descrevemos abaixo.

Para tanto, utiliza-se a resina dos sicômoros, também conhecidos como *plátanos*, comuns na Europa, classificados como *Platanus orientalis*, típicos da família das Platanáceas, de muitas variedades, servindo todas.

O feitiço é romano e diz-se que surgiu em velhos tempos no Oriente, vindo de Chipre e plagas próximas.

Numa sexta-feira de lua cheia, ao soarem as sete horas da noite, o bruxo usará um punhal virgem, de lâmina de aço bem temperado, e fará com ele doze incisões num sicômoro novo, colhendo o suco num cálice de cristal puríssimo e virgem.

Deixará secar o material, formando resina que se assemelha ao incenso. A este juntará breu e cera, com um pouco do mel da colméia. Queimará depois a mistura, recolhendo os fumos num frasquinho virgem, de vidro verde, que nunca tenha sido usado. Depois, colocará ali um pouco de perfume de verbena, agitando bem o frasquinho.

Toda vez que estiver com a mulher desejada, o feiticeiro usará um pouco da essência na testa (entre os olhos), à altura do coração, no umbigo e no púbis.

De noite, ao recolher-se, porém, acenderá uma vela de cera pura e molhará o pavio com o perfume obtido, como reforço da prática mágica.

Certamente a dama acabará por influenciar-se, dobrando-se, como se diz comumente, a seus caprichos. Se a paixão for tanta que a mulher passe a importuná-lo ou a exigir-lhe exclusividade, bastará lançar em água corrente o frasquinho, e ela tornará à antiga e costumeira indiferença.

Todavia, se mulher fizer tal feitiço, não dará certo, correndo risco de que lhe aumente a afeição, sem que seja correspondida.

Magia do breve das cinzas do roble
(para obter a fidelidade masculina)

Indiscutivelmente, a maioria dos amantes e maridos não é fiel, pois que é quase impossível escapar à tentação das oportunidades sexuais e eróticas que, para quase todos eles, é bastante freqüente, sem contar a ostensiva oferta das prostitutas.

Natural, por conseguinte, que as damas procurem prender seus amantes e cônjuges, para que não se engracem com outras. Para tal, há feitiço justo e certo.

O bruxedo se faz colhendo-se de madrugada, quando houver temporal e muitos ventos, sem especificação de luas ou tempo, um punhado de bolotas de roble ou carvalho.

As bolotas são postas a cozer num braseiro, juntando-se pimenta em pó, gengibre, uma pedra de sal grosso, uma pitada de terra e saliva da mulher.

É tudo reduzido a cinzas, cuidando-se para que ninguém da casa seja atraído pelo mau cheiro desprendido. O aconselhável é que isto se realize na ausência do marido ou amante.

As cinzas são colocadas num breve de pele de cabra, que é animal consagrado a Vênus, deusa do amor e da beleza, propiciadora das aproximações eróticas, e que se compraz em toda a sorte de bruxedos deste jaez. Acrescenta a mulher aparas de suas unhas, dos pés e mãos, alguns fios de seu cabelo e secreções de seu gozo, após ter-se masturbado.

Todas as noites, ao deitar-se com o marido ou amante, colocará sob o colchão, na parte da cabeceira que tocar a ele, essa prenda mágica, repetindo a prática por sete vezes, ininterruptamente. Além de enriquecer a potência do indivíduo neste uso mágico, ela o trará fiel e pela coleira, dominando na casa, como se diz figuradamente, "a chibata". Assim tratado, ele tomará enjôo às outras donas, ou não será capaz de copular com elas.

Passada, contudo, a sétima vez, o feitiço há de ser renovado. E contados sete vezes sete feitiços, já não será de mister a repetição, eis que, durante sete anos, estará agora a força mágica acumulada.

Nos momentos de orgasmo, porém, a feiticeira desejará ardentemente que o esposo ou amante se sinta felicíssimo, e como que transportado aos céus em seu êxtase erótico, o que intensificará o bruxedo grandemente.

À medida que forem sendo usados os breves, passada sua virtude, devem ser lançados em água corrente, quando dirá a mulher ladina:

"Ó águas que correis mansas,
levai convosco a infidelidade,
e que fulano esqueça as andanças,
preso a mim toda a eternidade."

Engodo mágico para desfazer amores indesejáveis
(com uso de bolinhos enfeitiçados)

Esta receita de origem japonesa é preciosíssima, e seu uso se dá quando há vontade ou necessidade de desatar paixões, quando estas se tornam inconvenientes ou indesejáveis.

O mago ou maga adquire um pote de cristal, comprando-o em loja de bom inventário.

Toma, depois, um pequeno tacho de cobre, que é metal consagrado à deusa Vênus e ao planeta de sua proteção e igual nome. Isto se faz numa sexta-feira de plenilúnio, à meia-noite.

Derrete no tacho alguma gordura de pomba branca, adicionando arruda, sal grosso, ramos de alecrim e pétalas de rosa de coloração natural, que seja silvestre. Completa com duas colheres de mel de abelhas de estirpe nobre.

Prepara, então, calda bem densa de açúcar mascavo, com maçãs cozidas, sumo de laranjas e claras de ovos batidas.

Com um pouco de farinha de trigo, fazem-se uns bolinhos, usando-se os demais ingredientes desta receita.

Convida-se a pessoa de cujo amor se queira descartar, oferecendo-lhe, com chá, café ou chocolate, estes bolinhos, fazendo-a ver que se trata de algo delicioso, aprendido recentemente.

O tal (ou a tal) sentir-se-á lisonjeado(a), comendo, mesmo que por educação e mera delicadeza. Mas cuide-se que sobre um pouco do bocado mordido ou tocado pela visita.

Na sexta-feira seguinte, buscar-se-á nas vizinhanças um gato preto, o qual o mago (ou maga) afagará, dando-lhe os restos dos bolinhos, até mesmo o pedaço que sobrou da visita.

Alisa-se, então, o dorso do gato até a cauda, afastando-se dele rapidamente. A grande distância do gato, o interessado exclamará:

"Vai-te para sempre, em paz e felicidade, não tornando, jamais, a cruzar o meu caminho, e leva contigo o afeto e atenções de fulano(a), que a mim jamais retorne. E assim seja."

O tacho de cobre, contudo, servirá a futuros bruxedos, estando imantado pela feitiçaria precedente.

Outro bruxedo para obter fidelidade
(sob invocação do Mago Abramelim)

Há homens que somente a muito custo se fixam numa só mulher, e vice-versa. Mas esta receita firma virtudes, mesmo a pessoas de má vida, e nem a ela ficam imunes até os mais empedernidos.

Em caso de varão em relação a damas, ele comerá azeitonas gregas, das pretas, e tomará um cálice de vinho Madeira, seco, em manhã de domingo, ajoelhando-se, com os olhos postos no ocidente, onde ficará em meditação absoluta, por espaço de uma hora corrida. E nada nem ninguém o haverá de perturbar então.

Depois, buscará contato com dona paga e usará de ardis para que esta venha a ter orgasmo com ele, pois é sabido que, normalmente, uma profissional não teria prazer em tal coito.

No momento supremo, invocará o grande mago Abramelim, dizendo:

"Etz, akhavixe, tsifkhah, lohêt. "

Acrescentará:

"Por estas palavras mágicas da vetusta língua hebraica, em nome de planta, em nome de animal, em nome dessas mais virtudes secretas, eu te peço, ó poderosíssimo amo e protetor dos bruxos, Abramelim, que me concedas o amor de fulana, e que ela não seja, nunca, de nenhum outro, e que seu gozo comigo a transporte às estrelas, e que ela me tenha pelo máximo entre os homens, e que seu corpo seja meu corpo, e sua alma, a minha própria. Amém."

O feiticeiro cuidará para que a mulher seja satisfeita, pagando-lhe bem seus encantos e conquistando-lhe a simpatia.

Ao despedir-se dela, dir-lhe-á que nenhuma outra até então lhe proporcionou maior prazer, e a beijará na boca, nas orelhas, nos olhos, no pescoço, nos seios e na testa.

Com isto, aquela a quem ele realmente desejava sentirá um estremecimento em todo o corpo, lembrando-se do homem que assim procedeu, e o amará, pois, com muita ternura.

No caso, contudo, de mulher apaixonada por um certo homem e que o pretenda somente para si, procederá de forma diversa.

Começará por comer, em madrugada de segunda-feira de lua nova, um prato de lentilhas, com sementes de romãs trituradas. Beberá, depois, um copo de leite quente, deitando-se inteiramente nua.

Se tiver marido, querendo, porém, a outrem, agradará o esposo, acariciando-o e beijando-o na boca e nos olhos e tocando-o com seu corpo, para que o excite e induza a possuí-la. O ingênuo fará aqui o papel da meretriz, quando a bruxaria é feita por homem.

No momento do orgasmo, a mulher, sob algum pretexto, buscará colocar-se sobre ele, invertendo, outrossim, a aliança, isto é, colocando-a com o nome do marido para baixo.

Ao gozar, todavia, invocará Abramelim-ben-Zonah, dizendo mentalmente:

> "Tu, protetor dos bruxos, meu amo, pai e amante espiritual, dá-me um pouco de tuas forças, fazendo com que fulano, a quem amo e adoro, se me prenda de corpo e alma. Assim como tu próprio não sabes quem foi tua mãe, dizendo-se que nasceste de uma dama pública, faze com que fulano não saiba, nunca, que lhe pus este encantamento, por obra tua. E que assim seja, e reine paz e harmonia, felicidade e plena satisfação dos sexos entre nós ambos."

Se, porém, for sem marido ou virgem, e mesmo casta, agirá igualmente, com a diferença de que, na parte do contato sexual, dirigirá seu pensamento à imagem inteira do homem pretendido, tal como se o vira, nus ambos, deitado consigo, a gozá-la nesse momento.

As mulheres árabes, nesse bruxedo, usam dedilhar-se até alcançaro orgasmo, o que não é indispensável, porque vale o mero simbolismo.

O homem amado sentirá, pois, um prazer inefável nessa mágica ocasião, tomando-se de ternuras pela mulher. De tanto advirá, oportunamente, casamento ou relações duradouras.

Outro encantamento para amores indesejáveis
(sob invocação da bruxa Zorobeida)

É fato assaz notório que muitos amores passam, à medida que decorre o tempo. Nada mais intolerável que suportar uma dama, um marido ou amante importuno, ou mesmo um pretendente antipático. As nobres leitoras que o digam...

O remédio é um bruxedo eficaz, tal como se descreve a seguir.

A princípio, pretexte ela enjôo, ou mênstruo, ou outra indisposição qualquer, recusando-se aos contatos físicos, mesmo a simples beijos e abraços.

E nestas ocasiões, invocará a bruxa Zorobeida, dizendo:

"Irmã, irmãzinha, afasta-o de mim, tornando-me a seus olhos um objeto de grande repugnância."

Aos poucos, ele estará um tanto indiferente.

Na segunda fase, ela será descuidada, mantendo os suores das axilas ou a acidez do hálito; e nem lavará os pés, nem suas partes pudendas. Difícil é que um homem ature aquela que assim se sacrifica por desamor a ele.

Entretanto, se o tal for vulgar e persistente, mantendo-se em paixão e desejos, ela chegará ao ato extremo, que consiste, propriamente, na desatenção de Zorobeida.

Buscará conseguir três ovos de cobra (tendo o cuidado de não os desligar, pois que são postos juntos) e duas mariposas, juntando-lhe, bem picada, uma cabeça de alho-poró.

Macerará esta sórdida mistura, fritando-a em banha de porco, numa panela de pedra (esteatite), virgem. A metade desse preparado asqueroso deve ser juntada à ceia do marido ou amante, junto com sete gotas de seu próprio suor.

Depois que houver comido a sua nojenta refeição, ele sonhará com belas mulheres e desprezará a sua, cogitando, logo, de afastar-se dela para sempre.

Mas no caso de namorados e pretendentes, exceto se aceitarem convite e comerem da preparação, há outro jeito de utilizar-se a eficácia do feitiço.

Para tanto, a mulher dará a tal comida aos porcos ou às galinhas (quaisquer que sejam), e dirá na ocasião:

"Esta é a máxima desatenção da feiticeira Zorobeida, minha mãe espiritual e ama eterna. Eis que, por sua mediação, por Lilite, princesa entre os malignos, peço que os afetos e as atenções indesejáveis de fulano sejam afastados de mim, agora e para sempre. Que ele não me importune, não me procure, não me visite, não me queira bem nem mal, mas seja indiferente, porém muito feliz com qualquer outra, porquanto me encontro incapaz, agora e para sempre, de servir naquilo em que ele deseja ser servido. Não o quero como esposo, não o quero como amante, namorado nem pretendente, nem amigo, nem visitante. Que nenhum mal lhe venha, mas que não me traga mal, a mim que não lhe quero bem. Assim seja."

Bruxedo infalível para evitar gravidez
(o uso da esponja na tradição cigana)

É plenamente compreensível que uma jovem solteira que tenha tomado amante não deseje engravidar. Existem os fatores sociais de insegurança, vexame público e outras inconveniências. Vivemos num ambiente tão hipócrita que se torna difícil aceitar o que os espíritos antiquados chamam de "ilegítimo". É claro que estamos nos referindo ao mundo ocidental, com exclusão dos povos do Norte da Europa ou Grã-Bretanha. Os orientais, ou seja, as gentes da Arábia e congêneres, Irã, Índia, Israel, assim como as populações do Norte da África, são de pensar desassombrado e diverso.

Entretanto, isto é um livro de bruxaria, não de filosofia, e o que interessa é ensinar a evitar o suposto mal.

De início, vale mencionar o costume das ciganas. Estas guardam tradicionalmente a data lunar do nascimento. Se houver abstinência carnal na fase da lua coincidente com aquela em que a mulher nasceu, obedecendo-se por segurança dois dias antes e dois depois, não há risco de que a dama engravide. A isto se chama de método natural, que outrora somente se conhecia entre as bruxas e feiticeiros.

O segundo sistema é a bruxaria própria.

A receita é obter uma esponja, embebê-la em óleo de amêndoas e introduzi-la na vagina durante o coito.

Todo o sêmen ficará nas cavidades e nenhum alcançará a matriz. A mesma esponja, depois de lavada e posta a secar ao sol forte, servirá muitas vezes. Mas terá de ser substituída com certa regularidade.

Acrescente-se que a esponja tem de ser do tamanho que caiba na concha da mão da mulher. Ao usá-la, invocará a deusa Vênus e o planeta de seu nome, pedindo-lhes que a preservem do "mal do ventre inflado".

As mulheres árabes, porém, usam chumaços de lã embebidos em azeite grosso com igual efeito, que depois são rejeitados, servindo só um limpo de cada vez.

Algumas bruxas aconselham a molhar-se bem a esponja, introduzindo-a comprimida na vagina. Nisto vai risco.

Feitiço das judias contra gravidez

(com o preparado de grãos de trigo)

A interessada toma um punhado de grãos de trigo, cozendo-os bem em leite de cabra e vinagre.

A seguir, coa o material, de forma a recolher os grãos, que são macerados num pilão de cobre virgem.

A isto se acrescenta uma colher de álcool, das de chá, geléia de sementes de maçã silvestre, flores de murta, cocção de cascas de abiurana (mais conhecida como *biorana* e também chamada de *auaduri*, cientificamente *Lucuma lasiocarpa*).

Coa-se o preparado numa peneira de seda, virgem, e na ocasião do coito, unta-se com ele um chumaço de algodão em rama, que se introduz no fundo da vagina.

Nos momentos de orgasmo, a mulher deve dizer:

"Lô hakaf! lô hakaf! lô hakaf be-xem ha-habah!"

Está provado que não engravidará nessas oportunidades.

Bruxedo para combater a frigidez
(bolinhos mágicos que aumentam o desejo)

Os mistérios do sexo são, por vezes, aparentemente insondáveis, havendo belas damas, de apetecíveis formas, que, no entanto, ao estarem no leito não logram os prazeres máximos da vida, o que desgosta sobremodo seus amantes.

Isto pode induzir a separações e infelicidade, seja conjugal, seja entre amantes, criando-se graves embaraços e incompreensões, não raro trágicas.

O corretivo é o bruxedo adequado que, afortunadamente, existe, conforme se ensinará abaixo, às leitoras interessadas.

Para cura da frieza sexual, começarão por juntar, numa sexta-feira de lua cheia, à meia-noite, três rodelas de cebola albarrã – também chamada *alvarrã*, que é a *Urginea scilla* –, um punhado de sementes de aipo, outro de amendoim torrado, sete gotas de cantáridas (essência) e uma xícara de cevada cozida.

Tais ingredientes são socados num almofariz de cobre, virgem, juntando-se leite de cabra (um copo), preparando-se um material que sirva para fazer uns bolinhos. Estes ficarão expostos ao luar; depois, à luz solar por espaço de sete horas.

Serão guardados, então, numa caixa atada com uma fita vermelha. Durante sete noites seguidas, antes de se deitar com seu homem, comerá um dos tais bolinhos mágicos, acompanhando-o com uma xícara de chocolate quente, em que porá gema de ovo e açúcar mascavo, misturando tudo muito bem.

A partir do sétimo bolinho, talvez antes, toda vez que olhar para o amante, no quarto, sentirá ternura extraordinária e dobrados ardores de cópula, havendo-se com especial mestria. Isto agradará o homem, cujo amor será cada vez mais intenso.

Entretanto, ao entregar-se, fixará o pensamento em Vênus, rogando-lhe que a auxilie em suas expansões eróticas.

Também os maridos cujas esposas se mostrem insensíveis ou frias podem preparar os bolinhos e dá-los a elas, para que se excitem. Mas, se eles os comerem, não haverá qualquer efeito.

Magia potente para tornar o homem submisso
(a força da torta de maçãs silvestres)

Há amantes e maridos ardorosos e dedicados, que se mostram absolutamente sovinas e dominadores.

As possíveis conseqüências de um tal procedimento falam por si mesmas, sendo necessário à mulher precaver-se, tanto para maior independência, como para outras possíveis vantagens que desejem obter deles.

Os antigos grimórios medievais ensinam, contudo, algo a favor das mulheres assim tratadas. Trata-se de iguaria mágica de eficácia notabilíssima.

A mulher prepara uma torta de maçãs silvestres, com farinha integral (o trigo socado em pilão, com germe), mel, gemas de ovos (três unidades), ruibarbo, noz-moscada e açafrão, além de uma pedrinha de sal grosso triturado. À massa acrescentará três gotas do suor de sua calcinha, após tê-la usado no espaço de uma semana, sem a tirar, além de um pouco de sua saliva.

A torta será dada a comer (basta um pedaço pequeno) ao homem visado, por sobremesa de ceia, num domingo feliz.

Meia hora antes, acenderá, dispostas em triângulo, três velas, sendo uma azul, outra verde e outra vermelha. Ajoelhada diante delas, pedirá a Febo que lhe ilumine os caminhos, dando-lhe sujeição sobre fulano, para que em tudo lhe seja obediente, fiel e dedicado.

Depois, juntará três gotas de cera de cada uma das velas, misturando-as ainda quentes, e untando com o material o próprio umbigo, onde está a sede da vontade humana.

Na ocasião, concentrar-se-á mentalizando um fluxo magnético que se lhe emita da região umbilical e, penetrando no umbigo do homem, deixe-o perplexo e sem forças. Estará assim dominado, vencido e submisso.

Quanto ao resto da torta, ela o dará a um carneiro velho, pedindo-lhe que leve consigo a vontade e a resistência do homem amado.

A partir de então, ele jamais poderá algo contra a esperta feiticeira, e tudo quanto esta exigir ele lhe concederá, mesmo com os mais ingentes sacrifícios.

Tal bruxedo, outrossim, é aplicável ao caso em que a feiticeira queira dominar outras pessoas, de ambos os sexos, sem objetivo amoroso, mas apenas para auferir vantagens diversas.

Bruxedo para garantir fidelidade das mulheres
(que se faz com espelho redondo e velas violetas)

A preocupação de muitos homens inseguros, mormente quando viajam, refere-se à fidelidade das esposas. Acontece que muitas delas, quando novas e fogosas, têm dificuldade em conter os reclamos do sexo, expondo-se a leviandades, que acabam por conduzir ao adultério.

Embora a maioria dos homens creia serem normais seus próprios deslizes, não há concordância com a recíproca.

Seja qual for a mentalidade desses desconfiados viajantes, sua segurança está firmada num provado bruxedo, aliás especialíssimo.

Ao soar da meia-noite, o desconfiado concentrar-se-á na imagem da esposa, tentando vê-la tal qual esteja nesse momento. Ao fazê-lo, porém, terá ante si um espelho redondo, situado entre dois copos d'água. Num deles haverá pedras de sal grosso e enxofre; no outro, arruda e enxofre.

Acenderá duas velas de cor violeta, pondo-as atrás dos copos.

Com a mente firmada no rosto da esposa (ou amante), ele invocará as ondinas, silfos, sílfides, gnomos e salamandras, que são, respectivamente, as potências elementais da água, do ar, da terra e do fogo. Pedir-lhes-á que o resguardem em sua honra, impedindo que sua esposa ou amante se entregue a outro homem (ou mesmo outra mulher...).

Fixará, depois, os olhos nas chamas das velas, notando seu comportamento e direção.

Se estiverem fortes e muito vivas, queimando-se depressa, grande é o risco de infidelidade. Caso bruxuleiem, a mulher hesita, mas contém, ainda assim, seus ardores. Quando a chama é fraca e uniforme, a mulher é positivamente fiel.

Para que não haja dúvidas e influências externas, todavia, é bom que não se formem correntes de ar, fechando antes o bruxo aflito portas e janelas, e cerrando bem as cortinas.

Em caso de hesitação muito grande e incerteza, o melhor é que ele atire nas chamas das velas uma pitada de pólvora e sete gotas de água dos copos mágicos, extinguindo completamente o fogo, o mesmo vindo a acontecer com o da mulher suspeita.

Poderoso talismã de amor feito com ovos

(a galinha carijó e a omelete imantada)

Se alguém pretende dominar os sentimentos alheios, influenciando outras pessoas sob vários pontos de vista, principalmente no que possa concernir a amor, deve seguir à risca as prescrições que apresentamos nesta obra mágica.

O bruxo ou a feiticeira principiará por adquirir num mercado uma galinha carijó, das chamadas *caipiras*, pois as de granja, por viverem confinadas, pouco ou nenhum contato recebem dos bons elementos da natureza, que lhes infundam virtudes úteis a bruxedos.

É melhor que seja franga virgem. Esta será dada a cobrir por um galo novo inteiramente preto, o que se faz ao raiar do dia, numa terça-feira, que é data semanal consagrada ao deus Marte e ao planeta que lhe tem o nome. E neste deus há força e poder, e ele se liga muito bem a Vênus nas mágicas amorosas.

Coberta a ave, espera-se que ponha sete ovos. Dois deles serão separados, para com os mesmos se preparar uma omelete, a qual levará ainda gengibre, pimenta e leite de cabra, além de gordura de porco.

A iguaria será dada, numa terça-feira, à pessoa a encantar-se pelo bruxo ou feiticeira, a fim de que a coma. E com isto lhe passará uma certa predisposição a influenciar-se e dominar-se, ficando sob imantação astral.

Os cinco ovos restantes, porém, serão numerados, escrevendo-se neles, com tinta de ferrugem e chumbo, o nome da pessoa que se queira sujeitar.

Durante cinco semanas sucessivas, sempre às terças-feiras, o mago (ou a maga) os vai enterrando num jardim, sendo o primeiro a leste, o segundo a oeste, o terceiro no ponto do sul, o quarto no do norte. O último será lançado ao ar, de forma que venha a cair, sem que se rompa, em água corrente, num bosque ou outro sítio poético e discreto.

Por esta magia, se conseguirá amor, dinheiro ou outra vantagem pretendida daquele (ou daquela) em cuja intenção se executou o feitiço.

Feitiço egípcio do escaravelho
(para casos de amor não correspondido)

O escaravelho, ou escarabeu, que se usa em tal bruxedo é nosso conhecido besouro dos montes de esterco, mas há que ser belo e perfeito, com as antenas e todas as suas patas. O certo seria obter-se um legítimo das terras do Egito, do tipo que os árabes chamam de *djo'l*, por sua maior eficácia. Dadas as dificuldades, porém, escolher-se-á um com as qualidades acima descritas.

Primeiramente ele será guardado, depois de limpo com um pincel macio, retiradas todas as imundícies, num estojo de veludo negro, servindo para tanto um escrínio de jóias, comprado numa boa joalheria, para que seja virgem, isto é, nunca dantes usado. Ficará ali por sete dias e sete noites, o que sucederá à meia-noite, numa sexta-feira, sem condições específicas de lua.

Em torno do escrínio se atará uma fita azul-turquesa, com bela laçada na parte de cima. Sobre o laço, a maga ou mago deixará cair sete pingos de cera duma vela de cor laranja.

Toda vez que for desejada correspondência de amor por parte de alguém que se mostre indiferente ou arredio, bastará desatar o laço, rompendo o selo, dizendo:

"Kep'r! Kep'r! Kep'r! Amon-meri! Pela virtude dos deuses do Alto e Baixo Egito, e pela força e potência de Osíris, de Ísis e de Hórus, cujos santos nomes ora invoco, eis que desejo que o amor, a alma, o corpo e o coração de fulano sejam meus. Que a ninguém mais queira, nem a outro ame, nem sirva, mas seja de minha única posse e exclusividade. E assim, pois, será, enquanto brilhar o sol, enquanto a terra às margens do Nilo for fecunda, enquanto os deuses reinarem sempiternos. Amém!"

A pessoa a quem se ama será, portanto, enfeitiçada.

Depois disso, só se tornará a lacrar o escrínio com cera da vela, quando não se desejar mais esse afeto, interessando-se por outro.

Nessa ocasião, esperará sete dias e sete noites, antes de tornar à invocação, nos termos já ditos.

Grande feitiço do anel amoroso
(para a mulher seduzir qualquer homem)

Esta receita veio da Babilônia, terra ainda hoje famosa por suas tradições mágicas e cidade cujas ruínas não distam da atual cidade de Bagdá, capital do Iraque.

A mulher que seguir estas prescrições casará certamente com quem quiser e será feliz com diversos outros homens por quem se sinta atraída, ou que, meramente, deseje dominar por seus caprichos mágicos. E seu marido jamais ficará sabendo da verdade, vivendo alegre e feliz.

O feitiço consiste, primeiro, em mandar fazer um anel de prata, com pequeno topázio no engaste. Na parte interna estarão gravadas as iniciais de seu nome.

Numa tarde de domingo, às seis horas em ponto, ela porá num fogo de carvão vivo uma panela de cobre, que já tenha sido usada em outros encantamentos.

Na vasilha, porém, haverá cinco favas, uma figa de azeviche, uma pitada de sal grosso bem socado, um dente de alho e raiz de heléboro-verde (*Veratrum viride*).

Este material será cozido em água de fonte, simples. Quando esta começar a ferver, a maga picará seu dedo com uma agulha (devidamente esterilizada em álcool ou em chamas) e verterá no líquido sete gotas do seu sangue. E esse dedo será o polegar da mão esquerda, tirando-se a seiva vital da parte mais carnuda, ou seja, da falangeta.

Ao entrar o preparado em ebulição, mergulhará nele o anel por alguns segundos, pendente de um fio de seda vermelho e brilhante.

Passado este tempo, sem enxugá-lo, colocá-lo-á em seu anular esquerdo, que é o dedo das casadas. Nesse momento, dirá:

> "*Thakaat ha-qadixah, ha-gdolah-ha-habah!* Que todos os meus amores sejam felizes! Que eu tenha domínio de todos os corações desejados! Assim seja!"

Assim se passará, por certo, conforme se tem provado.

Mas, quando a mulher houver alcançado seus desígnios, convir-lhe-á que se cuide, pois sua tendência a possuir carnalmente qualquer homem bem-parecido, ou que lhe seja simpático, será, na prática, ingovernável. Suas ardências sexuais, outrossim, se manifestarão muito acrescentadas.

Entretanto, sempre que desejar um homem, ela terá apenas de repetir a fórmula ensinada, girando o anel em torno do dedo.

Ao enganar, porém, o marido ou amante habitual, para maior precaução terá de inverter o anel, isto é, deixar suas próprias iniciais para baixo.

Precaução contra possível desapreço
(tradição da Península Ibérica)

É voz corrente entre o povo, em terras de Espanha como de Portugal, que, quando sentimos forte coceira nas palmas das mãos, isto é sinal de que alguém nos é falso ou calunia.

Essa demonstração de desapreço, assim percebida como que por vias telepáticas, entretanto, pode ser utilizada em proveito do ofendido, seja homem ou mulher.

Para tanto, lavará ambas as mãos em água do mar, com um pouco de arruda e rosmaninho, e, sem as enxugar, cavará na areia uma cova rasa, onde enterrará três moedas, das de menor valor que possuir no momento. Nesta oportunidade, dirá:

"Por Hermes Trimegisto e pelo deus Mercúrio, e pelas ilusões de Selene e potência das luas, com estas moedas pago eu o preço de meu desapreço! Quem não me quiser bem, nem por isto lhe quererei eu mal, nem lho vou jamais querer. E, pois, que as forças que me enviou, tal como as percebi, visto como por elas paguei seu justo preço, me sejam benignas. Portanto, se alguém tem contra mim ruins sentimentos, que se tornem eles em riquezas de amor, para minha saúde, felicidade e maior edificação."

Fechada a cova, porém, voltará sobre seus próprios passos, sem olhar para trás.

Breve, alguém lhe manifestará simpatia ou tentará dar-lhe mostras de agrado, e por estes sinais perceberá de quem se tratava.

Outro bruxedo para obter a fidelidade masculina

(usando-se penas de corvo)

A leitora que deseje namorado, amante ou esposo mui fiel alcançará com extrema facilidade seu intento, desde que observe as regras abaixo.

A receita vem de um dos mais antigos e respeitáveis grimórios de Portugal, mas tem suas raízes na tradição dos bruxos da Arábia.

A mulher, num dia de trovoada e tempestade violenta, põe roupas pretas, com mangas compridas, gola alta e barra de saia que lhe venha aos tornozelos. Estará, porém, descalça.

A melhor hora é antes do meio-dia, mas depois da madrugada. Irá aonde haja corvos e buscará num de seus ninhos largados algumas penas, entre as menores. Deverá apanhá-las com a mão esquerda, saindo de casa sem a lavar, todavia.

Na volta, apanhará um galho de rosmaninho, o qual partirá em três bocados iguais. A cada um dos fragmentos atará, com fita de seda negra, três das plumas; depois, armará um atilho com o conjunto. Este será cozido num caldeirão velho e ensebado, em que se deitará água de seu banho íntimo, três gotas de urina da própria e dois fios de cabelo do peito daquele a quem se deseje prender em fidelidade.

Feita a cocção, deixará que enxugue ao lume. Quando der a meia-noite, esconderá a prenda do bruxedo entre as roupas do homem com tal sutileza que ele não descubra nada do que ali está.

Na manhã seguinte, contudo, recolherá o feitiço, recolocando-o no ninho de onde tirou as penas de corvo. Isto ligará a fidelidade do homem.

Quando ela, no entanto, não estiver mais interessada no sujeito, será mister destruir pelo fogo o material da mandinga, queimando-o até reduzi-lo a cinzas, que serão dispersas ao vento, quando ela dirá:

'Vai-te de mim, fulano, com teus amores, fidelidade e teus ardores."

Isto fará com que ele tome asco à mulher e desapareça de sua vida para sempre.

Magia do espelho mágico

(para invocação da imagem do amado)

Esta interessante prática é de origem egípcia, passando à Europa por intermédio de feiticeiros hebreus e mouros.

A interessada vai à beira-mar, numa bela manhã de sol claro, e colhe algumas conchas, das maiores, e tendo levado consigo um cântaro virgem, de barro vidrado, enchê-lo-á de água até o meio.

Levará consigo o material mágico assim obtido, guardando-o até que seja meia-noite. Será, então, necessário que haja luar intenso.

Tomando banho completo, a mulher se porá, despida, bem como descalça, diante de uma janela aberta, ajoelhando-se diante do cântaro.

Com sua água encherá três válvulas das conchas, acendendo atrás de cada uma delas uma vela azul, após tê-las disposto em triângulo.

Acenderá um bastão de incenso, aspirando-lhe fortemente o perfume dos fumos, mesmo que se sinta algo tonta.

Semicerrando os olhos, concentrar-se-á, entoando uma canção de amor de sua predileção. Depois, lentamente, contemplará cada uma das conchas, fixando os olhos, primeiro, na chama de cada uma das velas.

Estará em condição de êxtase, com boas imantações lunares, quando pedirá à deusa Isis, a Grande Mãe Egípcia, que lhe seja propícia nos amores, agraciando-a com a visão de seu amado.

Não lhe tardará vê-lo surgir da água das conchas, a princípio como um fantasma, mas já então distintamente.

A persistência de tal prática, sempre com os mesmos materiais e objetos, tornará cada vez mais aceso o amor entre a feiticeira e o seu eleito.

Se, contudo, lhe surgir, porventura, à frente outra figura que não a pretendida, é bom que se desfaça de tudo, tomando um banho de arruda e sal grosso, por purificação. Com efeito, não raro, os espíritos maléficos se aproveitam do êxtase dos bruxos e feiticeiras, no intuito de os assediar.

Mensagem de amor levada por uma pomba
(velho segredo das sibilas etruscas)

Esta é uma das mais belas obras de magia da Antigüidade Clássica. Seu fito é inspirar amor a alguém que se viu, mas com quem não foi possível falar.

Estando, por conseguinte, a mulher apaixonada, e não lhe sendo viável, na ocasião em que viu o objeto de suas atenções, dirigir-lhe a palavra ou tentar atraí-lo por seus naturais encantos e simpatia, tratará de mandar-lhe recado amoroso.

Numa tarde de muita luz, de preferência num domingo ou sexta-feira, ela vai a um jardim, trajando apenas uma túnica branca, tão transparente quanto possível, mas sem outras roupas e descalça.

A finalidade desta prática é receber a imantação do sol, mormente em suas zonas sexuais. O certo é que fosse nua, exigência difícil em nosso ambiente, mas que aos antigos não causaria embaraços.

Nesse jardim ela colherá do chão três pedras brancas e quatro negras, que lhe caibam todas num só punho, que será o esquerdo. Atará, a seguir, uma fita cor-de-rosa em torno da mão fechada, a que contém as pedras. Apanhará, então, três cravos vermelhos e quatro rosas brancas, regressando à casa.

As pedras serão postas num vaso de barro, não vidrado e virgem, junto com as flores, e sobre estas se verterá água de fonte e sal grosso.

Numa gaiola que nunca tenha sido usada, terá presa uma pomba branca e nova, que seja linda e perfeita. A ave será tratada com máximo carinho por sete dias corridos, e muito bem alimentada, com arroz cozido, milho fino e outras iguarias apreciadas pelos pombos.

Ao sétimo dia, de madrugada, acenderá uma vela branca, dispondo ao seu redor as pedras do vaso, ainda molhadas, espalhando milho e arroz cozido entre elas.

A pomba será libertada e posta a comer, observando a feiticeira a primeira pedra deslocada pela ave. Se for das brancas, o augúrio será favorável. Se for das pretas, nefasto. Assim, aguardará outro dia, com as mesmas precauções do ritual. É preciso que a primeira pedra seja branca, para que dê tudo certo.

Se isto acontecer, a feiticeira golpeará a ponta do dedo polegar de sua mão esquerda com um punhal virgem, de aço excelente, molhando com seu sangue o peito da pomba, do lado do coração.

Depois que a ave se mostrar farta, contudo, a maga lhe atará uma fita vermelha, estreita e curta, na patinha esquerda, escrevendo com seu próprio sangue, num pedaço de pergaminho virgem, a palavra *PHILE*.

O pergaminho assim escrito será dobrado em sete e preso, por um cordel de seda vermelha, ao pescoço da pomba.

Isto feito, conduzirá a ave, numa bolsa ou caixa, a um bosque, junto a árvores frondosas, onde haja água e pedras. Ali haverá de acariciar sua amiga, afagando-lhe a cabeça, e depois a soltará, dizendo-lhe:

"*Petisteris, peristerás, peristerus. Phile! Ó Phile!* Vai-te agora, querida amiga, e leva contigo minha mensagem de amor a esse desconhecido, a fim de que seu coração não tarde a abrasar-se por mim. Assim seja."

Lançará a pomba e regressará à casa, sem olhar para trás. Não lhe tardará, com isto, rever seu predileto. E ele a notará certamente, simpatizando com ela.

Advir-lhe-á, ao tal, amor intensíssimo, e nem terá forças, nunca, para se apartar de sua querida feiticeira, que o prendeu e firmou por seus encantos.

(Esta extraordinária receita foi encontrada em recentes escavações, em Fiésole, num velho túmulo do século V antes da era vulgar, mas acredita-se que foi posta ali muito posteriormente.)

A magia da galinha-da-guiné
(para desfazer casamento de rival e ocupar seu lugar)

A maior desilusão de uma jovem é ver que seu amado será levado ao altar por outra, para com ela casar. Entretanto, nada mais fácil às feiticeiras do que evitar tão grande mágoa.

Para impedir esse tipo de matrimônio, existe a velha mágica da galinha-da-guiné (que também se conhece por *galinha-d'angola, gali-*

A ARA EXTERNA E OS OBJETOS RITUAIS

As cerimônias externas são realizadas num bosque, escolhendo-se uma clareira, junto a um regato ou outra água corrente, em que se disponha o círculo mágico. Nele fica uma grande pedra central, de preferência de granito preto, a qual serve de altar. É nele que o sumo sacerdote, ou a suma sacerdotisa, coloca a espada mágica, a vara de condão, o *athame* (faca de cabo negro), o punhal de sacrifícios simbólicos, a copa, a sineta de prata (para invocações), o pentáculo (pergaminho recortado em forma de estrela de cinco pontas, ou astro pentagonal), uma vasilha com sal, outra com incenso e uma pedra redonda, lavrada. No chão, à esquerda do altar, o *Livro das Sombras*.

nhola, guiné, angolinha, capote, etc.). O melhor será comprar uma, mesmo que haja representantes de tal raça na capoeira doméstica.

Escolhe-se a ave bem bonita e perfeita, não tendo importância que já haja sido coberta de galo. Lança-se sobre a cabeça da galinha um punhado de cinzas de carvão vegetal e pó de enxofe, dizendo-se:

"Targlat, targlat, targlat ha-habah!"

Depois, ata-se uma fita preta à perna esquerda da galinha, e uma fita azul ao pescoço, colocando-se o animal num local cercado e afastado de todas as demais.

Ela ficará ali por um dia e uma noite, sendo alimentada de milho da melhor qualidade e água de fonte, em que se colocará uma pedra de enxofre e outra de sal grosso.

Decorrido esse tempo, soltá-la-á, retirando-lhe as fitas e dizendo-lhe com carinho:

"Minha querida companheira, eu te consagro aos espíritos da madrugada e aos que dominam sobre a noite. Assim como te apartei de tuas iguais, do mesmo jeito seja fulano separado de fulana, e que não haja mais nenhum afeto nem interesse entre ambos, mas que fulano, desistindo de seu casamento insensato, somente se lembre de mim, e seja eu sua favorita e feliz esposa de todos os dias. E que isto dure enquanto eu quiser e me convier, *be-xem-ha-habah!*"

Quanto às fitas deste encantamento, serão ligadas uma à outra, e a feiticeira as trará consigo, amarradas em sua coxa direita, até que venha a casar com o homem escolhido.

Para governar as relações do marido
(conservando-o com exclusividade absoluta)

É quase impossível que um homem sadio e viril mantenha relações sexuais apenas com sua esposa ou amante. Entretanto, as feiticeiras sabem que sempre se pode dar um jeito às coisas.

Numa sexta-feira de lua nova, antes da meia-noite, a feiticeira atrairá seu marido ou companheiro ao leito, alcançando o gozo por três vezes no ato sexual. Nem é preciso que ele próprio lhe iguale o número, nesta façanha de amor. Ela, porém, terá de realizar, indispensavelmente, o tríplice orgasmo.

Após estes preparativos, ela saltará da cama, tendo o cuidado e passar sobre o peito e o ventre do homem, e descerá pelo lado esquerdo.

Recolhendo-se ao banheiro, com muito cuidado enxugará a vulva com a calcinha (que deverá ser branca e de cambraia fina), sendo o fato tanto mais auspicioso quanto maior a abundância de esperma.

A prenda mágica será dobrada em sete e guardada num vaso de barro, virgem e não vidrado, com pó de carvão, areia, terra e sete pedrinhas negras de granito.

Na manhã seguinte, logo que haja luz, cavará um buraco ao pé de uma árvore de bom aspecto e muita folhagem, semeando na terra, nesse ponto, junto do vaso ali enterrado, três caroços de romã.

Invocará a deusa Astarte, pedindo que a auxilie nesse passo, mantendo a fidelidade do marido ou amante, e depois mijará sobre as sementes, em sete jatos decididos.

Graças a estas simples providências, esse homem jamais será potente com outra mulher, mas cada vez terá maior ânsia de possuir a que o enfeitiçou.

Passado, contudo, o interesse, e para que ele não a importune, ela deverá quebrar o vaso e queimar a prenda mágica que nele foi guardada.

Receita para a mulher se fazer querida

(assegurando amante ou casamento)

Reina grande tristeza entre moças, às vezes belas, cultas, educadas e, enfim, muito prendadas, que não se fazem notar pelos homens ou são negligenciadas por eles. Isso fere a vaidade, magoa o coração, acabrunha a alma, desespera o espírito.

As sábias feiticeiras da Síria, no entanto, conhecem bons meios de garantir as atenções masculinas. Um dos mais eficazes, segundo elas, é o "ponto dos nós", segundo sua denominação habitual.

O feitiço iniciar-se-á numa segunda-feira, logo que vier o arrebol vespertino, e o sol já se tenha posto definitivamente.

Na ocasião, a moça terá tomado seu banho diário – deixando-o, desta feita, para a tarde –, mas não lavará suas intimidades, nem porá sutiã nem calcinha.

Postar-se-á num canto de uma janela, diante do espelho, retirando de seu púbis um dos mais longos fios, que guardará num estojo de veludo azul-celeste, que nunca tenha sido usado.

Dirá, então:

"Este é o primeiro elo de minha corrente de amor: *xa'r el kâs! xa'r el kâs! xa r'el-kâs!*"

Nos dias sucessivos, sempre à mesma hora e em iguais circunstâncias, repetirá a operação, até juntar cinco pêlos. E dirá, portanto, alterando levemente a fórmula, conforme é coerente: segundo, terceiro, etc.

No domingo, de madrugada, retirará os pêlos do estojo, atando-os entre si, de modo a formar um só fio, mais longo, escondendo-o dentro de seu travesseiro.

Antes de deitar-se, nesse dia, fará a seguinte oração:

"Ó tu, resplendente Tamus, possuidor de toda a beleza do mundo, concede-me a graça de me fazer requestada e querida, e que minha presença seja considerada com simpatia. Possa eu ser desejada, pretendida, amada, entre todas as mulheres, e tanto quanto Sulamita, a querida de Salomão. Que não me veja nenhum mancebo ou homem bem-parecido, de prendas viris, sem que se tome de vivo interesse por mim, e me queira a mim, e me deseje. Favorece-me em meus amores, ajuda-me em meus intentos. E assim seja."

Nesta noite, sonhará com muitos homens, devendo deitar-se inteiramente nua e de bruços, com os lábios encostados no travesseiro.

É certo que seu sonho se tornará esplêndida realidade.

Receita feminina para dominar o homem
(a estrela-do-mar a serviço dos caprichos da mulher)

Nem sempre somente o amor e a dedicação, ou a exclusividade, bastam às mulheres, querendo elas, ainda, dominar seus esposos, namorados ou amantes, para que lhes sirvam a qualquer capricho ou vão desejo.

Isto se consegue de maneiras diversas, sendo a mais segura o bruxedo da estrela-do-mar.

Numa tarde de primavera, vai a interessada à praia, onde escolhe três caramujos sem defeito e uma estrela-do-mar, recolhendo-os num pote de argila branca.

Levando consigo esse material mágico, coloca-os na banheira e toma seu banho, usando sais aromáticos de rosas e violetas.

Mas, durante todo esse tempo, nem os caramujos nem a estrela-do-mar poderão estar fora da vasilha. A água do banho, porém, que tiver ali penetrado será recolhida num vidro de cor verde e posta num lugar secreto, devolvendo a feiticeira ao mar os caramujos e a estrela que dali retirou.

Nessa ocasião, agradecerá a Netuno, a Nereidas, a Tritão, a Sereias e Ondinas os seus favores e pedirá que lhe sejam todos propícios, concedendo-lhe obediência a seus desejos e caprichos por parte do homem amado.

E assim acontecerá, e tudo quanto ela pedir ou sugerir, ele se apressará em fazer.

O segredo da beleza eterna
(que se obtém com o uso de fígado de cordeiro)

Há muitos modos de se preservar a juventude ou manter a beleza. Alguns deles implicam sacrifícios cruentos de animais e seres humanos, e tais são condenados, sendo típicos dos satanistas ou adoradores de Lúcifer, com danação da alma, motivo pelo qual não serão ensinados aqui, para se prevenir as leitoras contra possível tentação.

Sem embargo, apresentaremos uma receita inocente e bastante eficaz, de conformidade com a magia antiga dos persas e afegãos.

Compra-se numa granja um fígado de cordeiro, que tenha sido morto nesse mesmo dia, destinado à venda e para se comer. Observe-se que não houve *sacrifício especial*, nem a feiticeira terá cometido qualquer pecado. A víscera conterá ainda sangue um tanto quente.

A mulher banhar-se-á em água corrente e límpida, sem usar sabão ou outros artifícios. A seguir, passará sobre a face, a testa, o pescoço, os seios, as nádegas, braços, pernas e coxas, a peça inteira, maculando-se com o sangue e dizendo:

"*Bi-khum barré! bi-khum barré! bi-khum barré ki-gamilley bûd!*"

Deixará, então, secar o sangue e aserosidade do fígado de cordeiro, deitando-se coberta de uma túnica de linho branco e fino, se possível transparente.

Neste dia, não falará com ninguém e jejuará, mentalizando um futuro feliz, de permanente beleza, prosperidade e amor.

Por uma semana inteira, não comerá carne nem pratos condimentados, predominando as hortaliças e frutas frescas em sua dieta.

Todos os meses, entretanto, mais ou menos no mesmo dia do ato mágico inicial, repetirá este bruxedo, em todas as suas minúcias.

Todavia, deverá evitar dormir com homens que não sejam muito jovens e, em nenhuma hipótese, com algum mais idoso, que lhe enfraquecerá as forças, provocando a anulação do feitiço.

Deverá amamentar, caso engravide, mas não poderá ter mais de dois filhos ou filhas.

A ninguém revelará seu segredo, muito menos a um homem mais jovem. Para sua maior segurança, se puder, que não se case, nem viva maritalmente, ainda mesmo com um bruxo. Seus cabelos jamais embranquecerão, nem terá rugas, mas cuidará que não engorde.

Geralmente, a mulher se fixará no seu aspecto dos 30 anos de idade, sendo arriscado que tenha amizades íntimas, as quais se intrigariam com o mistério.

Obra de magia para afastar as mulheres rivais
(receita cigana da borboleta negra)

Diz-se que na guerra, assim como em matéria de amor, não há recurso que seja considerado pérfido ou que não se possa empregar, por maior que seja a perfídia.

Antigamente, os cavalheiros se desfaziam dos rivais em duelos. As mulheres recorriam aos venenos e à feitiçaria. Ainda hoje, porém, podem fazê-lo. Um método interessantíssimo é o da borboleta negra.

Para isto, a mulher se levantará bem cedo, numa quarta-feira, que é dia de consagração a Hermes, ou Mercúrio, patrono daquelas que usam de tricas.

Sairá de casa ocultamente, após ter tomado um copo d'água pura e comido um punhado de amêndoas e avelãs, levando, numa bolsa de veludo amarelo, todas as cascas.

Entrando num bosque, apanhará uma borboleta inteiramente negra, tendo muita atenção para não maltratá-la de forma alguma.

Trocará a borboleta pelas cascas, atirando estas a favor do vento, mas com suavidade.

Chegando em casa, retirará, com bastante cuidado, a borboleta, depondo-a numa folha de alface, e não olhará mais para ela, dizendo:

"Assim como não olharei mais para ti, ó *Myopótamos*, e nem por isto, ressalvo-o, desejar-te-ei mal, senão que sejas feliz e próspera, da mesma forma fulano não mais contemplará o rosto de fulana e todos os seus cuidados serão dedicados somente a mim."

A mulher se retirará do aposento, não tornando a ele até que tenha voado e ido embora a borboleta. Se ela não se for, repetir o feitiço no dia seguinte.

Provado está, contudo, por muitas bruxas, consoante a tradição oculta, que se irão todas as rivais, ficando a feiticeira com exclusividade dos carinhos do homem amado.

Esta receita é tradicional entre as ciganas da Hungria e de algumas regiões da ex-Iugoslávia.

Bruxedo para reconciliação de antigo amor
(ensinado pelas feiticeiras da Líbia)

Não raro ocorrerá à gentil leitora arrepender-se de ter rompido com o namorado, ou largado o marido, notando, não muito depois, que a situação estaria menos mal com ele, malgrado seus defeitos.

Se, porventura, o infeliz for teimoso ou orgulhoso, não quererá voltar, apesar das exortações e convites de sua antiga amada, infelicitando-se ambos.

Com isto, estará ela magoada e ofendida em seu amor-próprio e talvez não queira arriscar-se a uma situação romanticamente vexatória.

Contra tais ocorrências, há o consolo do bruxedo ensinado pelas megeras da Líbia, muito usual nas regiões desérticas do interior africano.

A primeira iniciativa da leitora será buscar entre ruínas e pedras uma bela teia de aranha, que se apresente nova e perfeita.

Marcará o local com seis seixos bem escolhidos, esperando até que venha a noite, tendo caído a temperatura, e borrifará, então, a teia com água de almíscar e óleo de amêndoas doces.

A seguir, com um ramo de sabugueiro, tocará a teia pelos bordos externos, exclamando seis vezes:

"*Àla beit, àla beit, ya imkabût aç-çâhr!*"

Esta fórmula mágica, em língua árabe, tem a virtude de imantar a aura da feiticeira, a qual se concentrará na figura de seu amado, mentalizando seu retorno a seus braços e leito.

A seguir, acenderá um bastão de incenso, aspirando-lhe a fumaça e soprando-a sobre a teia de aranha. Finalmente, levantará a roupa e tocará a mão na teia e no umbigo sete vezes.

Isto feito, apanhará um punhado de pedras e sairá a correr, sem olhar para trás, lançando atrás de si todas elas. Jogada a última, caminhará normalmente, voltando para casa.

Uma vez de regresso, preparará uma ceia deliciosa, com todos os pratos que, supõe, agradariam ao marido ou amante. A mesa, com velas e flores, terá sua melhor toalha e guarnições.

Sentando-se – só haverá serviço para dois –, comerá um bocado de cada iguaria e colocará um tanto de cada uma no prato que se destinaria a seu amado. E o mesmo com as bebidas.

Decorrido algum tempo, sem dúvida. O enfeitiçado virá procurá-la, propondo-lhe reconciliação.

Ela não dormirá, porém, com ele, exceto quando lhe vierem as próximas regras, e só passadas estas, para não malograr o bruxedo. Isto é importante.

O segredo do bolo para aumentar a potência
(doutrina das sibilas romanas)

Existem variadas formas de se chegar a esse fim, sempre que a potência do indivíduo pareça fraquejar ou quando a mulher deseje um pouco mais de entusiasmo, além da capacidade normal do amante, marido ou simples namorado.

A maioria dos métodos se baseia em sacrifício de animais, como cães, gatos, porcos, galos e outros. Entretanto, julgamos condenáveis todas as práticas em que seja preciso verter sangue, visto que elas se reportam ao satanismo, implicando compromisso de alma, ou, pelo menos, grande risco de contato com forças maléficas.

Sem embargo, as velhas sibilas romanas conheciam um jeito mais simples e de notável eficácia. Trata-se da *pus amantis*, que as mais nobres matronas da Roma clássica davam para comer a seus maridos ou companheiros eventuais dos prazeres de leito.

Iniciando a operação numa sexta-feira, às sete horas da manhã, a mulher coloca, num vaso de cerâmica virgem, meia libra (cerca de 250 gramas, isto é, um pouco menos) de mel silvestre, seis ovos de bela gema, uma noz-moscada socada em pilão de cobre, seis cravos de tempero, pó de pimenta oriental, meia lasca de canela em pau (triturado no mesmo pilão), seis folhas de hortelã e uma pitada de sal.

São acrescentados uma libra de farinha de trigo integral, meia libra de toucinho e dois copos de leite de égua que haja parido recentemente sua cria.

Com esse material, faz-se um bolo, assado em fogo de brasas, usando-se carvão de madeira de faia. Neste lume, são queimados benjoim, incenso e mirra.

De noite, meia hora antes do coito, a feiticeira dá a seu amado uma fatia escassa desse bolo *(pus amantis)* e um copo de vinho generoso.

Logo observará que se redobra o ardor de seu companheiro, que a fará, assim, gozar muito mais vezes, sendo a conta usual de sete a dez orgasmos. O efeito dura uma semana, quando, se conveniente, deverá servir nova porção ao homem.

Para que haja maior efeito, contudo, a mulher ficará inteiramente nua, bem como o amante, a fim de que se troquem imantações entre os corpos, com profunda penetração mútua das auras.

Como fortalecer o amor e a dedicação do amante

(método usado pelas cortesãs gregas)

A mulher recorrerá às virtudes de um gato preto, o qual será sempre muito bem tratado e mimado em todos os sentidos, com alimento especial, como carne fresca e crua, peixes e leite com uma pitada de sal grosso bem socado.

Depois de treze dias dessa felicidade felina, ela cortará, não muito rente, alguns pêlos do animal, colocando-os num lenço de seda negra, feito com um de seus vestidos mais velhos, o qual usará, por toda uma semana, em contato direto com o corpo, ou seja, não estará de calcinha nem sutiã todo esse tempo.

Isto serve à imantação astral. Aos pêlos do gato juntará alguns dos seus, tirados das axilas e da região pubiana, além de aparas de unhas e alguma saliva.

Costurará o lenço com agulha virgem, lançando-a depois em água corrente, e o fio será de retrós de seda verde.

Colherá, a seguir, alguns lírios, cujo perfume é altamente afrodisíaco, macerando-os bem, e com eles fará uma poção, misturada com mel e vinho, que dará para o homem beber.

Outra parte da poção, entretanto, servirá para que ela prepare um ungüento, com óleo fino, lubrificando-se com ele no períneo e na vulva, dizendo estas palavras:

"Hypnos pornês! hypnos pornês! hypnos pornês, ó phile!"

Nesta noite, ao encontrar-se com seu amado, fechará cerradamente os olhos, abraçando-o e beijando-o na testa, nas faces, nas mãos, no pescoço e finalmente na boca, dizendo-lhe palavras de muito amor.

Concentrar-se-á, imaginando-se eternamente ligada a ele, como se fossem transportados a um local de delícias (tal como um bosque, jardim ou outro sítio aprazível). Irão, a seguir, para o leito, para seus fins costumeiros.

Estarão ambos inteiramente despidos, mas, sob as cobertas da cama, entre os travesseiros, ficará o lenço com as prendas mágicas.

Tal prática inspirará paixão intensíssima e duradoura, e o amante não cogitará de ter outra mulher.

Feitiço para maridos e amantes desconfiados
(para induzir as mulheres a confessar adultério)

É melhor prevenir do que remediar, é o que ensina um antigo provérbio, e o melhor modo de remediar algo, falhando a prevenção, é garantir-se contra repetições de fatos desagradáveis.

Difícil é aquele que não desconfia da esposa ou amante, às vezes sem justificativa, outras com bastas razões.

Portanto, o homem suspeitoso tratará de comprar um coração de galinha, deixando-o secar em cinzas e pó de enxofre e carvão, durante todas as quatro fases seguidas da lua, a iniciar pela nova.

O coração será triturado num almofariz de cobre, virgem, com socador do mesmo metal e em iguais circunstâncias.

Este pó mágico será temperado com açafrão, baunilha e pétalas de junquilho, secas e bem trituradas no mesmo almofariz, mas separadamente. O material conseqüente será guardado num cálice de cristal, virgem, de cor verde.

Numa noite de lua cheia, às nove horas, o homem dará um jeito de fazer a mulher ingerir uma quantidade do pó, misturado a água, leite ou outra bebida.

Copularão como de costume, e ele esperará até que ela durma profundamente. Assim, aproveitará o ensejo para interrogá-la, colocando-lhe a mão direita sobre o coração e dizendo-lhe:

"*Itqúly zínia al-hagât ziníyya bel-kâs ua bel-dhîb en-nâs el-akhry.*"

Se a mulher ficar calada, é porque tem-se mantido fiel. Entretanto, havendo culpa, contará todos os seus segredos, relativos a adultério ou fornicações, dizendo nomes, datas e outras particularidades interessantes, proporcionando ao ciumento meios de desmascarar a devassa.

Magia para inspirar o amor nas mulheres
(receita das magas chinesas para tornar os homens irresistíveis)

O mais digno de um cavalheiro, ou homem que se preze, é tentar suas conquistas através de recursos normais, insinuando-se e impondo-se por suas qualidades viris, tais como simpatia, elegância, correção de maneiras, trato fidalgo e outras formas de distinção.

Se estas falharem, porém, e o indivíduo fracassado não conseguir reprimir a força de sua paixão para com uma dada mulher, poderá usar de feitiços.

Durante toda uma semana, a partir de domingo, o homem comerá uma dúzia de ostras cruas, com uma gota de limão e uma pitada de pimenta-do-reino e sal, acompanhando-se de um cálice de boa aguardente.

Terminada esta fase preparatória, comprará sete ostras, das mais frescas e belas que encontrar, deixando-as secar no beiral do telhado, pelo tempo de três dias.

Cuidará, então, de as apanhar, picando todas com uma faca virgem, dando os bocados para um ganso comer, mas guardará para si três pedacinhos, que juntará com fumo e um dente de alho bem seco.

Este último material constituirá substância para recheio de um breve, que será feito com um pedaço de roupa íntima de mulher virgem e que esteja sujo de suas secreções normais ou suor.

O feiticeiro colocará o breve no bolso, junto ao coração. Toda vez que se interessar por uma certa mulher, será necessário que a olhe bem firme nos olhos, comprimindo com a mão direita o breve e dizendo:

"Tchã-djê! Tchã-djê! Tchã-djê!"

Sem dúvida, ela não resistirá ao encantamento, sorrirá e proporcionará oportunidade de aproximação, sendo fácil completar a conquista, ao que alegam as magas chinesas, fornecedoras desta receita.

Feitiço da rã para despertar o amor dos insensíveis
(à maneira das feiticeiras judias)

São notórias as qualidades mágicas dos sapos, aranhas, galos, cabras, cobras, peixes, gatos, pombos e muitos outros animais, dos mais diversos.

Outrora, eram mais acessíveis, sendo que, na atualidade, os senhores feiticeiros e suas colegas feiticeiras encontram cada vez maiores obstáculos à prática da magia dependente da força de bichos.

As rãs, contudo, podem ser obtidas com facilidade, sendo inofensivas, enquanto os sapos são perigosos e ariscos, tanto mais que muitos deles realmente assumem tal forma, quando na verdade, tais como muitas cobras, constituem transfigurações de seres malignos.

A mulher, pois, que se quiser fazer amar, irá à beira de um charco ou lago, à meia-noite, com uma lanterna, fazendo incidir sua luz nos olhos de uma rã, das maiores e mais belas. Desta maneira, ser-lhe-á fácil apanhá-la, colocando-a num vaso de argila, com água de enxofre e pólvora.

Levando-a depois para casa, teráde segurá-la firme com a mão direita, soprando-lhe três vezes sobre a cabeça e sete sobre o ventre. A seguir, fumará um charuto, lançando-lhe as cinzas sobre a cabeça do bicharoco, bem como lhe deitando os fumos por todo o corpo.

O passo imediato consistirá em erguer a roupa e reter a rã entre as virilhas, em contato com o sexo, dizendo-lhe:

"*Tsifardah be-tsirah xeni*, tal como eu te tenho presa entre minhas coxas, por tuas virtudes naturais e em nome das ondinas, com força de salamandras, faze com que, também, cá, possa eu prender e reter a quantos queira, e assim seja."

Soltará depois a rã, abençoando-a e dando-lhe insetos para comer, bem como caracóis e o quanto lhe apeteça, em sinal de agradecimento.

Outro feitiço que se faz com rãs
(para atrair o homem que se deseja)

A praticante deverá comer rã ao jantar durante uma semana, em dias alternados, sendo melhor às segundas, quartas e sextas-feiras. Em todas essas vezes, guardará os ossos das coxas.

Estes serão postos a secar sobre um pano de veludo negro, em que estará bordada, em linha de seda vermelha, pelas mãos da feiticeira, a palavra *Tsifardah*.

Na sexta-feira, à noite, após as nove horas, a mulher se banhará, mas sem usar sabão, e untará depois suas partes íntimas com azeite doce.

Inteiramente nua e agachada diante de um pano de linho branco, virgem, usará seis ossículos da rã, untando-os nas umidades de suas partes íntimas, lançando-os, então, para o ar, de modo a caírem diante de si sem tocar o chão, mas todos sobre o tecido. Dirá:

"Com a força e a virtude das atrações típicas deste meu sexo, que é magia para todos os homens e seu permanente encanto, pois já foi dito *vulva regit mundum*, ordeno que sejais mensageiros de meu afeto e como ímãs de meu apelo amoroso, trazendo a mim todos os homens que eu queira e deseje. *Sebah, xeba, xibih, xibúh.*"

Nova magia das rãs para obrigar ao casamento

(em caso de pretensões amorosas difíceis)

Esta receita é aconselhável às senhoritas feiticeiras ainda jovens e virgens ou já mulheres, viúvas e desquitadas, com pretensões matrimoniais difíceis ou irrealizáveis. E se dizemos irrealizáveis, é porque falamos de aparência, pois em magia tudo tem seu bom remédio.

Usando de algum artifício, ou com os favores de amigas ou velhotas alcoviteiras, a mulher apaixonada ou que suspire por casamento obterá, de início, uma prenda do homem visado. De preferência um alfinete de gravata, ou abotoadura, ou outro objeto pequeno, mas também serve uma tira rasgada de um lenço, camisa ou outra peça de contato com o corpo do indivíduo.

O passo seguinte é ir ao mato e apanhar uma rã do sexo masculino, beijando-lhe a cabeça e o ventre sete vezes, depois de ter comido três amoras belas e maduras.

Mas reterá na boca algumas sementes. Depois de cada beijo, cuspirá longe um bocado desses carocinhos.

Mergulhará, imediatamente, a rã num vaso de barro com leite e açúcar, para depois enxugá-la muito bem em sua calcinha, a qual será então rasgada em tiras. Estas deverão ser lançadas aos quatro ventos, menos um pedaço.

Com este, a feiticeira ligará o objeto conseguido do homem amado (a prenda) ao corpo da rã, soltando-a, ou melhor, atirando-a para o ar, mas com carinho, sem a ferir nem assustar.

Depois, encherá o vaso com folhas secas e terra, além de algumas pedras, enterrando-o sob uma rocha em que haja musgo denso. Pronunciará, finalmente, esta fórmula mágica:

"*Tsifardah, ani kalah!* Tens a ilusão de que vais solto, mas eu te tenho bem preso aos meus laços de amor. Tu, agora, te chamas (nome do amado), mas, toda vez que eu te ordenar, a mim virás, sob meu mando estarás, e como possuído meu viverás. *Be-xem-ha-gadol ve-liyb ha-xanah*."

Com este encantamento, o indivíduo será escravo dos desejos da feiticeira, submetendo-se a ela em tudo e por tudo, e a nenhuma outra amará.

Modo de encantar homens desprevenidos
(pela gordura das lampreias)

Trata-se de um *filtro* ou poção de amor das que usavam outrora as ciganas alemãs da Baviera, as quais aprenderam o segredo com seus amantes alquimistas.

Os ingredientes necessários são uma colher de sementes de papoula negra, uma tira de toucinho de lampreia e sementes de rosa silvestre, sem quantidade especificada.

Frita-se a gordura com as sementes, coando-se depois o material resultante, que é vertido num frasco de vidro azul, que nunca tenha sido usado.

Guarde bem o conteúdo, pois servirá muitas vezes para encantar muitos homens ingênuos, deixando-os fascinados e à mercê das vontades e caprichos femininos.

A poção é servida com vinho branco aos incautos, três gotas em cada bruxedo.

Sortilégio das virgens para casar
(pela força mágica das salamandras)

Nem sempre as donzelas têm a feliz oportunidade de serem conduzidas às cortes do Himeneu, para ligar-se pelos vínculos do amor e do matrimônio, justamente pelo rapaz que é a própria razão de seus constantes cuidados. E a desilusão que isto causa às pobrezinhas é, sem dúvida, a desgraça de suas vidas.

Ora, Alberto Magno, maioral dos feiticeiros, aconselha, nestas situações aflitivas e dificílimas, um sortilégio dos mais justos.

Trata-se da força mágica das salamandras, não as elementais do fogo, mas o réptil semelhante ao lagarto, o qual se apanha, nos dias ensolarados, junto a pedras e gravetos, ou nas frestas das muralhas.

Dispondo do objeto principal do bruxedo, a moça lhe pede perdão pelo incômodo que vai causar, e que consiste na privação temporária de sua liberdade. Mas, por certo, não a maltratará.

A fase seguinte é representada pelo banho da salamandra, que se executa mergulhando-a em água tépida, onde se tenha posto sal grosso, além de arruda e sumo de limão. Ali ela fica imersa por algum tempo, segura entre os dedos da moça.

Esta depois lhe ata uma fita de cor escarlate ao longo do corpo, colocando-a, assim ataviada, num cesto redondo de vime, que seja tão virgem quanto a maga.

O cesto terá tampa, pondo-se nele alguns insetos, tais como mosquitos, por exemplo, para que o generoso bicho, nessa ocasião, receba o seu bom trato alimentar.

Acendendo, então, um lume de paus de cedro, a que se deitará incenso e mirra, a jovem casadoura dirá:

"Minha dileta amiga salamandra do amor eterno, pelas virtudes de que foste tu dotada pela natureza superior, eu te suplico que me atendas, mantendo-te aqui, fiel e dedicada, até que fulano, a quem amo e venero, seja meu legal marido e leal esposo. *Korban ha-habah; ha-habah Korban!*"

A salamandra, ansiosa de sua liberdade, suplicará, por sua vez, aos espíritos elementais que a protegem e a que pertence pela ordem dos segredos naturais, que apresse o almejado enlace, pois, assim, estará ela tão livre quanto antes.

Mas há um preço a pagar: é possível que a virgem tenha impingens ou comichões no abdome ou nas virilhas, o que só passará depois de rompido seu véu, pelas núpcias. Não deverá usar qualquer remédio, se isto lhe ocorrer, além do que nenhum médico será capaz de curá-la, nem ela poderá dizer seu segredo.

Entretanto, logo que tiver dormido com seu feliz esposo, isto é, na manhã seguinte, sua primeira providência será libertar a salamandra, abençoando-a e agradecendo-lhe a cooperação. E a deixará, exatamente, no local onde a encontrou.

Sortilégio para impedir que o homem tenha relações com outras
(também com recurso de salamandras)

A mulher interessada neste sortilégio, depois de ter comido um guisado de grãos-de-bico e azeite fino, abstém-se de gozos carnais por espaço de toda uma lua cheia, quando, além disso, não poderá lavar suas partes mais cobiçadas.

Ao término deste prazo, à meia-noite, dirige-se a um local onde haja pedras e algum mato e, erguendo as saias, solta três ventosidades, exclamando a cada uma delas:

"*Lataah! Lataah ve Ruah!*"

Isto atrairá umas duas ou três salamandras, às quais ela alimentará, por suas próprias mãos, dando-lhes insetos.

Estalando, porém, os dedos, pelas pontas, imobilizará suas colaboradoras nesta magia, e deverá, ainda mais, fixar nelas os olhos, bem na cabeça, espiando-as firme pelas pupilas. O efeito, realmente, o que não é de espantar, será semelhante ao que exerce o olhar magnético das cobras quando atraem para si as capivaras e certas aves tímidas.

Ela pactuará com as salamandras, invocando os poderes das chamas, que têm, na classe dos elementais da natureza, o mesmo nome. E se os bichos forem em número de dois, a feiticeira os chamará de "*Àin*" e de "*Hê*". Se houver um terceiro, é mister denominá-lo "*Yûd*". Passando de tal conta, desprezará os demais.

Jogará um pouco de água de sal grosso e urina (vertida nessa mesma ocasião) sobre as cabeças das salamandras, ao adotá-las e dar-lhes nomes.

Explicará, agora, sua aflição, dizendo-lhes que tem um homem (marido, amante, namorado ou outrem), cuja lealdade absoluta deseja gozar.

As salamandras se quedarão imóveis e a ouvirão com respeito e amizade, enquanto a mulher lhes dirá:

"Assim como sois fiéis a mim, vossa ama e companheira, e tal como nos unimos neste pacto, convido-vos a trabalhar comigo, e o que mais desejo é que fulano de tal não seja, nunca e jamais, capaz de copular com qualquer mulher, exceto comigo mesma; e que tal situação perdure, tão-só, pelo tempo que eu desejar ou quiser. Se, porém, eu já não o quiser, que esteja ele inteiramente livre, e que se lhe desate o nó da virilidade com qualquer outra que determine dar-lhe o seu corpo para gozar e desfrutar. E não tereis sossego, nem podereis ir nem vir, exceto se atenderdes ao pequeno favor que ora vos peço, ó Hê, ó Yûd, ó Àin! Xalom!"

Depois disso, a mulher tocará as cabeças das salamandras com a barra da saia, e lhes tornará as costas, indo para casa e deitando-se imediatamente.

Cuida-se, aqui, de receita oriental das mulheres hebréias, e esta prática vem de remota antigüidade. Graças a este feitiço, a mulher alcançará plenamente os seus fins.

Sortilégio para firmar amores e casar
(com recurso da cinta talismânica pelas donzelas)

A moça virgem cujo namorado se demonstre inconstante, ou que tenda a outros amores, deverá, em manhã de segunda-feira com bom tempo, ataviar-se bem, perfumar-se e ostentar suas melhores jóias.

Sairá, desta maneira, a passear por um parque onde haja belas crianças, e tocará, de leve, a cabeça de três delas, sendo uma loura, outra morena e outra ruiva. Isto feito, dirá:

"Pelos cabelos de Vênus, seja salva toda a inocência!"

Irá se dirigir a um armarinho bem sortido e comprará uma cartela de alfinetes, duas fitas de cetim da cor violeta e uma peça de cadarço negro, de algodão.

Voltando a casa, fará para si uma cinta com o cadarço, passando as fitas, nela presas, de forma a que cubra a risca da vulva e o orifício anal.

Quanto aos alfinetes, deverá espetá-los nos quatro cantos do quarto, à altura da guarnição da parede, bem como sob o peitoril da janela, pelo lado interno.

Durante três dias e três noites não usará calça íntima, que será substituída pela cinta talismânica.

Ao terceiro dia, contudo, irá a seu jardim, onde enterrará, sob a raiz de uma roseira silvestre, aquela prenda, quando dirá:

> "Assim como foi protegida minha castidade e pureza por esta cinta do amor, e ela se impregnou dos humores secretos do meu corpo, da mesma forma se ligue e prenda a mim meu amado fulano de tal, que um dia me possuirá e colherá as primícias de minha virgindade. Que ele não encontre paz enquanto não me favorecer e servir na exclusividade e dedicação do amor. E, por Vênus, assim será!"

Após ter casado, contudo, ela desenterrará a cinta mágica e a consumirá no fogo, espalhando as cinzas aos quatro ventos do mundo, o que inflamará, sobremodo, o ardor de seu companheiro, para extrema felicidade de ambos.

Sortilégio para assegurar matrimônio às não-virgem
(a força do selo mágico feito de cera)

Não sendo a mulher mais virgem, pelo contrário completa e madura e desejosa de ainda casar, poderá ter dificuldades, dada a pretensão habitual masculina, em nossos climas, de desposar apenas as ainda donzelas. Mas nada está perdido no que tange aos sortilégios de amor. A essa possível "desenganada", diremos como proceder.

À meia-noite de uma sexta-feira de novilúnio, ela acenderá três velas vermelhas diante de uma carta de baralho, a qual será a dama de copas.

Ali, invocará o auxílio das forças ele mentais da natureza e procurará, em seguida, obter alguns pêlos (dos próximos ao úbere) de uma cabra que esteja amamentando pela primeira vez. Tais pêlos poderão ser cortados com tesoura, desde que esta nunca tenha sido usada para outra obra.

Aos pêlos do animal juntará sete fios de seus cabelos, tirados junto da nuca, ligando-os todos por três pingos de cera quente, cada qual de uma das velas.

Esta junção formará uma espécie de lacre, em que ela escreverá, com a ponta de um punhal afiado, o nome do homem com quem deseje casar-se.

Para isto, aquecerá a arma nas chamas. Quando esta esfriar, ela a encostará no bico dos seios, no umbigo, na testa, na garganta e na vulva, sendo normalíssimo, em tais ocasiões, que sinta um calafrio de imantação elemental.

Os restos das velas serão lançados em água corrente. O selo amoroso, com o nome estimado, será guardado sob um tijolo, num local afastado, onde não possa ser descoberto. Não haverá necessidade de invocações, nem outros ditos mágicos.

Passado algum tempo, será pedida em casamento. Chegada a noite de núpcias, contudo, pretextará indisposição, não se deixando possuir pelo marido, o que só deverá ocorrer na quarta noite. Com efeito, se se entregasse facilmente na primeira, ele a tomaria por lasciva e se enjoaria dela muito cedo. Daí ser mister fazer-se dengosa e requestada. Mas isto tudo constitui parte da obra de feitiço que aqui ensmamos às leitoras nessas condições.

Uma vez entrada no gozo marital, contudo, deverá manter o selo mágico sob o colchão até que lhe venham as primeiras regras, na seqüência natural de suas luas. Nesta ocasião, deve molhar o selo nas vertedoras do mênstruo, embrulhando-o numa folha de mangueira e enterrando-o debaixo de uma pedra, bem longe de casa, à noite.

Se, contudo, não se desfizer do selo, perderá o marido.

Segunda parte dos bruxedos de amor

Descrição dos segredos e
encantamentos tradicionais
da magia dos antigos povos célticos

Os sete encantamentos das bruxas de Gales e outros sortilégios dos magos da Escócia

Primeiro encantamento das bruxas de Gales
(para ser feito por feiticeiras ou magos)

Esta magia amorosa se faz conforme os rituais da tradição, juntando-se primeiro todos os materiais necessários, segundo a ordem em que serão aqui apresentados.

Inicialmente, uma relíquia da pessoa a quem se pretenda encantar será indispensável. E, por relíquia, se entendem as coisas mais diversas, tais como fios de cabelo (de qualquer parte do corpo), aparas de unhas (das mãos e dos pés), peças de roupa íntima, retratos, gotas de sangue (ou mesmo o sangue seco) e, em algumas particulares circunstâncias, um espelho que tenha refletido, pelo menos uma vez, e de noite, a imagem do futuro enfeitiçado (ou enfeitiçada).

Igualmente, serve muito bem às exigências do ritual com que se realiza este bruxedo qualquer objeto que, porventura, haja perten- cido à pessoa, desde que esta o tenha, de fato, usado em alguma ocasião. E, ainda, prendas ou coisas que lhe não pertençam, contudo hajam servido, em possíveis visitas ou circunstâncias análogas, a seu uso individual. Como exemplos, citemos cálices, talheres e análogos.

Escolhida, pois, a relíquia, prepara-se uma folha de pergaminho do tamanho de um envelope de carta, dos menores.

Vem, depois, uma pena de ganso, virgem e rombuda.

Além disto, pétalas de rosa, verbena e seixos colhidos de um regato; um pedaço de ímã ou pedra magnética (esta é indispensável e importantíssima); três fios de retrós de seda, da cor vermelha; pedaços de caule de uma hipoméia de flores roxas (evitem-se as sementes, cuja infusão é entorpecente, com efeitos similares aos do ópio).

O oficiante disporá de um altar, que pode ser mesa de mármore negro ou de madeira, coberta com uma toalha de veludo de cor púrpura ou negra, que nunca tenha sido usada, a não ser para outros bruxedos.

Todo o material citado deve ser posto no altar, sem qualquer ordem especial, e assim tem início o rito mágico.

A primeira operação consiste em apontar a pena de ganso, com uma faca ou punhal consagrado em ritual de bruxas.

Recolhida a arma a sua bainha (que será de veludo negro, com as iniciais do oficiante bordadas com lã amarela), a pena será mergulhada em tinta negra, traçando-se com ela, no pergaminho, um círculo, em que se inscreverá uma estrela de cinco pontas, com duas para cima e uma para baixo (*ver ilustração da pág. 97*). No primeiro espaço, que fica para cima, entre duas pontas, traça-se uma lua crescente, com os cornos tornados para a esquerda; no segundo, à direita, também entre duas pontas, o símbolo do planeta Vênus (que é um círculo com uma cruz na base); no terceiro, embaixo e à direita, desenha-se um asterisco *de cinco riscas*; no quarto espaço, embaixo e à esquerda, um Sol, que é um círculo com um ponto no centro; no último espaço, à esquerda, entre duas pontas da estrela, o sinal ou símbolo de Marte (que é um círculo pequeno, com uma seta inclinada à direita, partindo do mesmo, e representa o *princípio ativo, gerador, masculino, positivo*, em contraposição ao *passivo, conceptivo, feminino, negativo*, de Vênus). No centro da estrela de cinco pontas, traçam-se duas setas em cima, com as aspas tornadas para baixo, quase a encontrar-se, e as hastes inclinadas, respectivamente, à esquerda e à direita; além de uma terceira seta embaixo, deslocada à direita, com a haste inclinada à esquerda e as aspas para cima, quase a tocar as duas superiores.

Esta figura é um *pentáculo mágico*, que confere proteção ao oficiante da bruxaria.

No centro do pentáculo, junto das setas, escreve-se, numa assinatura ininterrupta (sem afastar a pena do pergaminho), o nome que o bruxo ou feiticeira tiver adotado para suas operações mágicas (não o nome próprio e oficial).

Na parte externa do círculo do pentáculo, à esquerda, escreve-se o nome da pessoa a enfeitiçar, traçando-se sobre ele o signo zodiacal dessa criatura.

Colocam-se, então, no pergaminho, sobre o pentáculo, as ervas mágicas já citadas, bem como algumas pitadas de sal grosso, triturado num almofariz de cobre (que somente pode ser usado para fins ocultos), e a relíquia (ou relíquias disponíveis).

O pergaminho é então enrolado em forma de cartucho. O mago (ou feiticeira) concentra-se, comprimindo o cartucho do bruxedo, e canta a meia voz:

"Possuo teu coração
No cavo de minha mão.
A ti posso ordenar!
Em ti, sempre mandar!

Ao pergaminho enrolar,
A rosa hei de queimar,
Sal e verbena
Em cinzas se mudem;
E que minha pena
A consolar me ajudem,
Ó potências, segundo almejo,
Neste amor de meu desejo.

Que de paixão te inflames
E por mim então clames."

O pergaminho é, então, queimado no lume de uma vela de cera de cor laranja, até que não restem mais que cinzas. Estas são desfeitas com a lâmina do punhal mágico, já mencionado.

O oficiante traça, depois disso, um círculo de giz vermelho no solo, diante do altar, a fim de proteger-se contra o assédio de entidades que o possam perturbar. Daí por diante, todas as suas operações se processam no âmbito do *círculo mágico*.

A canção é repetida e seu objetivo é o de imantar a atmosfera, determinando, ao mesmo tempo, um estado de consciência propício ao bruxedo.

As cinzas são recolhidas com a ponta do punhal encantado e sopradas na direção dos quatro pontos cardeais: norte, sul, leste, oeste. Estes serão marcados previamente com as iniciais respectivas, nos pontos do círculo, com auxílio de uma bússola.

As cinzas que sobrarem são postas num pote de argila branca, virgem, despejando-se um pouco da tinta sobre elas.

O passo seguinte deste encantamento consiste em traçar, em outro pergaminho das mesmas dimensões do anterior (que foi queimado), três sinais mágicos, a saber, um coração, com outro inscrito nele; uma estrela de seis pontas, de tal forma que haja apenas uma delas voltada para cima, bem como outra para baixo; e um boneco com a mão e o braço estirados para a esquerda, tudo como se vê na ilustração (*pág. 103*).

Borrife-se o pergaminho com água de rosas, levemente, acendendo-se, então, um bastão de Incenso.

O pergaminho, a seguir, é enrolado com firmeza em torno do ímã, ou pedra magnética, sendo nele amarrado por um fio de seda escarlate, com um laço artístico. Depois, coloca-se o pergaminho no altar, num ponto central.

Para este bruxedo o oficiante terá uma varinha de condão ou mágica, que deve ser de madeira de azevinho[5]. Com ela, bate-se três vezes no chão. Toca-se depois, duas vezes, uma campainha de prata (que só se usa no ritual). Isto convoca os espíritos da terra (gnomos) e do ar (silfos e sílfides), a fim de que dêem sua força ao *talismã*, constituído pelo pergaminho consagrado.

Afastando-se agora do círculo mágico, o oficiante pega o talismã pelo fio escarlate, sem tocar o cartucho, dependurando-o num prego de aço, numa janela, de maneira que receba luz lunar e solar, e o sopro dos ventos. Mas isto se faz discretamente, numa câmara a que ninguém mais tenha acesso.

Realizada esta parte do ritual, coloca uma cadeira diante do altar, dentro do círculo mágico, e escreve, com sua pena de ganso – chamada tecnicamente pelos ocultistas de *pena das artes* –, uma carta à pessoa a quem deseje enfeitiçar, mas o faz em simples papel comercial, não em pergaminho, linho ou outro cabedal dispendioso.

Os termos da missiva são formais, constituindo um convite para palestrar sobre assuntos amorosos, quando se deverá usar de franqueza e coração aberto, propondo-se um pacto de amor.

---

5. Em sua falta, porém, use-se pau de laranjeira, pessegueiro ou árvore frutífera de belas flores.

Pronta a carta, deve esta ser borrifada com água de rosas e o oficiante sopra sobre ela, dando-lhe de seu próprio alento vital, o que faz concentrando-se.

Para maior efeito, a carta teria de ser postada à meia-noite, numa caixa de correio. Ao enviá-la, porém, se dirá:

"Possuo teu coração no cavo de minha mão. A ti posso ordenar! Em ti, sempre mandar! Teu desejo é meu desejo. Que te inflames nas chamas de minha paixão!"

Resta agora a prece de encerramento, o que se faz acendendo, diante do altar, num castiçal de bronze, uma vela azul de cera, sendo que três pingos desta devem ser aplicados ao pergaminho que ficou na janela.

É tal a força deste bruxedo que a pessoa convidada não faltará ao encontro, mesmo que não escreva carta de resposta.

Ao recebê-la, o bruxo (ou feiticeira) terá colocado o pergaminho debaixo de uma almofada da poltrona que oferecerá ao que (ou à que) vier. Se, contudo, o encontro for marcado em outro lugar, o pergaminho ficará junto do castiçal, na ara mágica, e à sua direita se localizará uma taça de cristal (que é sempre usada nos encantamentos), sobre a qual se depositará o *pentáculo* já referido. Diante da taça ficará o *punhal mágico*, tendo à sua direita a *varinha de condão*. Finalmente, se queimará um bastão de incenso.

No primeiro encontro com a pessoa amada, fixará sempre os olhos nas pupilas do convidado (convidada), mantendo-se em contemplação firme, o que representa a primeira fase da cerimônia dita de "fascinação".

À despedida, tocará a mão da pessoa no ponto correspondente ao seu planeta zodiacal, a saber: a raiz da falange do mínimo quanto a Mercúrio; a raiz da falange do anular, quanto ao Sol (Febo); a raiz da falange do médio, quanto a Saturno; a raiz da falange do indicador, quanto a Júpiter; a raiz do polegar e o monte em torno, quanto a Vênus; a linha mais ou menos horizontal e central da palma, quanto a Marte; a zona imediata ao canto interno inferior da mão, perto do pulso, quanto à Lua; a raiz do pulso, em todos os casos, para imantar a área referente à Terra.

E que isto se faça discretamente, num ato de cordialidade natural.

Se o encontro inicial tiver ocorrido noutro lugar, convida-se, então, a pessoa a uma visita à própria casa. Em tal ocasião, o pergaminho mágico estará sob a almofada da poltrona, conforme já indicado.

Este cerimonial é de notável eficácia, e o objetivo amoroso será alcançado, após o que o pergaminho terá de ser rasgado ao meio e lançado em águas correntes.

Este é o primeiro ritual de amor das bruxas e feiticeiras do País de Gales, que servem a Arádia e a Cernunnos, rigorosamente de acordo com as tradições da magia dos povos célticos.

Segundo encantamento das bruxas de Gales
(contra afetos instáveis e amores esquivos)

A interessada nesse encantamento principiará por colher, de madrugada, duas maçãs, das mais belas que encontrar, e que sejam de sua mais robusta macieira. Acrescentará ao material meia xícara de mel puríssimo.

Serão, ainda, necessárias uma cunha de madeira de pinho, de ponta aguçada; dois palmos de fita dourada (como a dos galões e guarnições de vestidos); uma folha de pergaminho virgem.

O mais difícil, contudo, serão duas gotas de sangue do homem amado, além de três gotas de seu sêmen. Para isso, se houver dormido com ele, não terá dificuldade. Mas, se for virgem, ou se o pretendido tiver esposa ou amante, terá a moça de ver como se arranja. Em casos extremos, usa-se um retalho da roupa íntima, cuidando a feiticeira de obter o necessário da melhor forma que puder.

Nos passos do bruxedo, a primeira coisa a fazer será esperar que haja lua minguante e, logo que entre tal fase, ambas as maçãs serão cortadas pela metade, com uma faca das utilizadas somente em operações mágicas. Uma dessas metades será imediatamente comida pela maga, com casca e sementes, sem que nada reste. A outra será dada à pessoa a encantar, com elogios a seu sabor e qualidade, de maneira que não hesite, mas a prove imediatamente. E é bom que coma tudo.

PENTÁCULO DE BRUXEDO AMOROSO

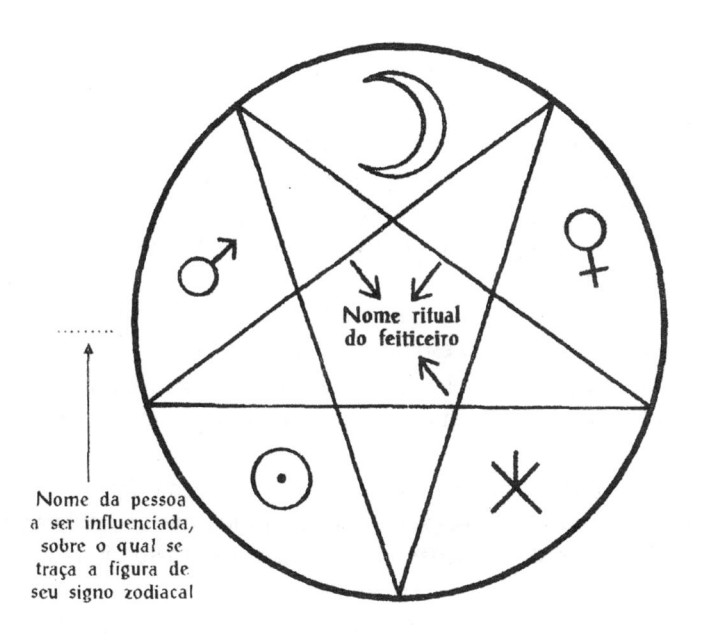

Nome ritual do feiticeiro

Nome da pessoa a ser influenciada, sobre o qual se traça a figura de seu signo zodiacal

Este pentáculo é utilizado no sortilégio de atração entre homem e mulher, podendo ser utilizado por magos de ambos os sexos, nele se observando os símbolos de Marte e Vênus, bem como os do Sol e da Lua, representando, de maneira equilibrada, a polaridade masculina e feminina, respectivamente.

As duas metades que sobrarem serão guardadas, com marcas bem visíveis, de modo que a feiticeira saiba qual foi a parte que ficou da sua, e qual a que restou da comida pelo homem. Se, por curiosidade, ele indagar o que se fez dos sobejos da maçã, a mulher deve dar-lhe uma fruta inteira, dizendo que a outra parte foi guardada para se fazer com ela um doce especial, como geléia, por exemplo.

Este artifício, lembra, estranhamente, a lenda da tentação, de Adão, Eva e a serpente enganosa.

Uma das maneiras, contudo, de se obter o sangue é mandar que ele corte a maçã, distraindo-o e forçando-lhe a mão ou o dedo ao longo do gume.

Até aqui as preliminares do encantamento.

Na noite seguinte, passadas as seis horas, a feiticeira tomará um banho de água de verbena, prosternando-se nua diante do altar de sua câmara, mas passará sobre a vulva um fio de seda branca, com sangue do amado.

Invocará Arádia, sua deusa e protetora, e Astarte e Quépera (*Khepera*), bem como seu espírito de guarda elemental.

Acenderá, em seguida, quatro velas de cor laranja, e que sejam de cera, dispondo-as no altar junto ao incenso, ao punhal sagrado e à varinha de condão.

Terá obtido, já, uma relíquia qualquer do enfeitiçado, à qual juntarão mel, três colheres (das de chá) com água, que consagrará antes às entidades mencionadas, uma pitada de sal grosso triturado em almofariz de bronze (que seja utilizado somente em seus bruxedos) e quatro folhas de trevo, sem as flores. Tudo isto será posto num caldeirão de ferro, ao fogo. Este caldeirão só se usa em feitiços.

Quando a mistura ferver, ela aspirará os vapores, mas deixará cozer tudo bem, até que se forme calda grossa.

À calda será posta uma oferenda, de sete pêlos do púbis da feiticeira, depois de metidos, com a ponta do punhal consagrado, na metade da maçã correspondente à oficiante (não naquela que restou do embruxado). A inserção se faz pela polpa, evitando-se que o seja pela casca. Ainda nessa meia maçã se deixam gotejar três pérolas do sangue da própria feiticeira, a qual picará o dedo polegar da mão esquerda, com um alfinete de prata, usado sempre em seus rituais.

Ato contínuo, junta-se à meia maçã assim tratada a que restou, de maneira que haja uma união de polpa contra polpa, na vasilha, simbolizando ato sexual completo e perfeito.

A operação se executa de tal jeito que as maçãs formem uma só, sendo revestidas com a calda, do mesmo modo que as conhecidas "maçãs do amor".

Com cautela, para não queimar as mãos, a feiticeira retira essa maçã composta, firmando-a e erguendo-se nas pontas dos pés.

Concentrando-se, cantará em voz baixa, mas bem ritmada:

"Assim como o sol, serás fiel,
Ó tu, que não conheces ainda o mel,
Da tão doce constância,
E a mim virás, da distância.

Dou-te por guia uma estrela,
E esta maçã, tu podes vê-la,
Será doravante o teu sinal,
Da constância o meu fanal,
Pois do bocado provaste,
No que a mim te entregaste,
E teu coração me deixaste,
Quando teu sangue ficou por penhor
Deste nosso firme pacto de amor."

Será preciso, agora, que a feiticeira envolva a maçã composta no pergaminho já mencionado, marcando sobre este, pouco antes, o sinal mágico que descrevemos, a saber:

Um círculo com uma estrela de cinco pontas, das quais duas fiquem tornadas para o alto e uma para baixo. No primeiro espaço, que é o do alto, entre ambas as pontas, um crescente, com os cornos voltados à esquerda, abrangendo um Sol (círculo com ponto inscrito no centro); no segundo espaço, à direita, entre duas pontas da estrela, um asterisco de cinco pontas, com três delas tornadas para cima e duas para baixo; no terceiro espaço, um asterisco idêntico; no quarto, idem; no quinto, idem. Em todas as pontas da estrela se traçará o sinal de Marte, que é um círculo com uma seta que parte da circunferência, mas as aspas das pontas da estrela que estão no alto ficarão para baixo; e a da ponta que estiver embaixo terá as aspas do sinal marciano viradas para cima. As outras duas pontas (de esquerda e de direita) terão o signo marciano com as aspas da seta opostas entre si, ou seja, a da esquerda tornada à direita e vice-versa (*ver ilustração da pág. 109*)

Do lado de fora do grande círculo, à esquerda, a feiticeira escreve o nome do amado, mas no centro da estrela estará o sinal de Vênus – círculo com uma cruz na base ou parte inferior da circunferência –, e abaixo dele ela escreverá seu próprio nome de magia (o que tiver adotado ao iniciar-se nos rituais da feitiçaria).

Esta figura mágica constitui um *pentáculo* de proteção e possui toda a força característica dos grandes amuletos.

Se o amante, namorado ou homem que ela deseja for difícil e realmente demasiado inconstante, é bom que seu nome seja escrito cinco vezes, isto é, junto a cada uma das cinco pontas da estrela, no pergaminho.

Agora, a feiticeira se concentra, semicerrando os olhos e invocando os poderes de Arádia, cravando, súbito, o punhal de madeira (a cunha a que nos referimos) na maçã, trespassando o pergaminho e ambas as metades das frutas.

O conjunto é ligado com a fita mágica, já citada, e posto numa caixa de madeira, também de pinho, forrada de metal prateado ou, pelo menos, de um papel que lembre, de algum modo, a prata.

Na próxima lua cheia, a mulher deve enterrar a caixa sob a raiz de um salgueiro, à meia-noite, clamando na ocasião pela proteção do Sol, da Lua e das estrelas.

Que Marte e Vênus lhes sejam propícios, a todas as bruxas sinceramente amorosas. O encantamento, comprovadamente, não falhará, assegurando a constância do embruxado.

Este é o segundo ritual de amor das bruxas e feiticeiras do País de Gales, que servem a Arádia e Cernunnos, rigorosamente de acordo com as tradições da magia dos povos célticos.

Terceiro encantamento das bruxas de Gales
(para afastar as rivalidades de amor)

Este rito simples e interessantíssimo exige, inicialmente, um ímã, ou pedra magnética, além de duas vieiras (conchas em formato de pires) que podem ser substituídas, contudo, por uma travessa de argila, usada somente em tais cerimoniais mágicos. Completa-se com a habitual relíquia da pessoa a enfeitiçar e outra da mulher rival, bem como um espelho portátil, dos de cabo; um pedaço de papel vermelho e brilhante, cortado em triângulo; um pedaço de casca de árvore, que lembre cortiça, mas que não seja de sobreiro; dois pedaços de cristal esverdeado; duas pedras colhidas numa praia em noite de tempestade e menores, em tamanho, do que o punho da feiticeira oficiante; flores de verbena (secas); uma eufrásia (*Euphrasia officinalis*) ou morrião (*Anagallis arvensis*).

Em geral, utiliza-se esta última planta, que é da família das Primuláceas, por ser mais comum e fácil de encontrar.

A operação se realiza com o início da lua minguante, durando todo o cerimonial o período de sete dias, e começa às nove horas da noite.

A feiticeira convida o homem pretendido para que converse com ela em sua casa. Na ocasião estará fazendo um bordado ou outro trabalho de agulha. Sob um pretexto qualquer, fará com que ele segure a agulha durante um mínimo de quinze segundos, sendo um bom artifício deixá-la cair, para que o cavalheiro, polidamente, a apanhe. Seja como for, deve pegá-la com a mão direita. E que haja cautela para que o visitante não se deixe ferir.

Logo depois disso, a feiticeira alegará indisposição, para que possa estar sozinha. E nisto terminará a primeira fase do ritual em apreço.

Lembre-se a gentil feiticeira, nossa leitora, que tal agulha, tocada pelo homem de sua preferência, representa, já agora, uma *relíquia mágica*. Ninguém mais pode vê-la, muito menos segurá-la, exceto ela, em seus ritos.

No dia seguinte, às nove horas da noite, a maga fará uma boneca de pano, de uma peça de roupa íntima – servindo até mesmo um lenço do homem –, que o tal haja usado recentemente.

Preparada a boneca, que é posta no altar, do lado esquerdo, flanqueada por duas velas de cor violeta – que tem a virtude de evocar os espíritos amigos –, a oficiante toma a agulha e fricciona-a contra o ímã, ou pedra magnética, treze vezes seguidas e mais duas, com intervalo de um segundo, contando, em voz cada vez mais alta, no idioma de Gales[6], os atritos.

---

6. Un; dau; tri; pedwar; pump; chwech; saith; wyth; naw; deg; un ar ddeg; deuddeg; tri ar ddeg; pedwar ar ddeg; pymtheg.

No décimo quinto, entretanto, exclamará:

"Teu nome será fulano!
Teu nome será fulano!
Teu nome será fulano!"

E assim fica a agulha batizada com o nome do amante desejado, sendo que, nestas ocasiões, ela friccionará a agulha na boneca deixada no altar.

O passo seguinte consiste na colocação, nessa mesma ara, em sua parte central, de ambas as vieiras, ou do prato de argila (em sua falta).

Usando um cálice de prata cheio de água consagrada (para tanto, ela traçará com o punhal mágico, sobre o líquido, a figura de uma estrela de cinco pontas, imantando ao mesmo tempo a atmosfera em torno do altar), ela verterá um pouco da água nas vieiras (ou no prato), até que se encham (encha) pela metade.

A feiticeira tratará de fazer, todavia, nova boneca, com a relíquia que obteve da rival – preferencialmente uma calcinha ou meia, que não tenha sido lavada após seu uso –, e tal relíquia será colocada à esquerda das vieiras (ou prato) e atrás das mesmas (do mesmo), afastada alguns centímetros. E o ponto indicado, conforme a bússola, corresponderá ao nordeste da ara mágica.

Do lado direito, onde fica o suleste, atrás das vieiras (ou do prato que as substitui), com igual distância em relação à posição da boneca rival, a feiticeira porá o espelho, empunhando-o pelo cabo, com atenção para que lhe não toque o polimento onde se refletem imagens.

Prosseguindo no rito, a oficiante toma o triângulo de papel vermelho, no qual escreve, em seu centro, o nome que adotou em sua iniciação mágica. Isto feito, o triângulo é situado sob o espelho, e este deverá refletir, plenamente, a imagem da feiticeira, ou seja, seu rosto. Mas a boneca que simboliza a rival não pode ser vista nesse espelho, o que anularia o bruxedo.

Os olhos da oficiante devem estar postos fixamente no espelho, imaginando ela que, de suas pupilas, se irradia uma força magnética, transportando-a psiquicamente àquele, o qual virá a representar uma extensão físico-magnética de si mesma.

Para reforçar esta impressão – realmente, de que ela está dentro do círculo mágico diante do altar, por seu corpo, e, ao mesmo

PERGAMINHO TALISMÂNICO

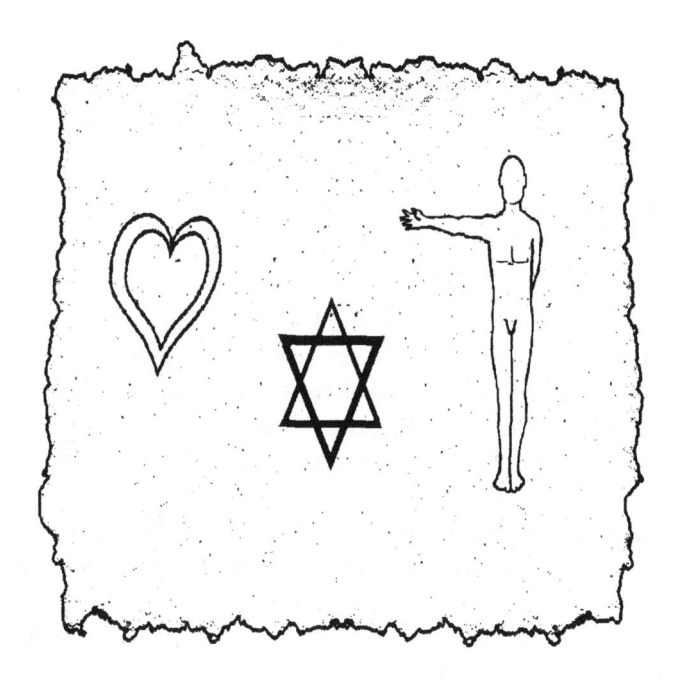

Modelo do segundo pergaminho, com os três sinais mágicos: um coração com outro nele inscrito, uma estrela de seis pontas (com apenas uma ponta voltada para cima e igualmente uma outra para baixo) e boneco com mão e braço voltados para a esquerda.

tempo no altar, dentro do espelho –, ela depõe na ara, em frente da boneca rival, o ímã ou pedra magnética.

A operação seguinte será espetar a agulha, várias vezes, no fragmento de casca de árvore, e, por fim, trespassá-lo, colocando esse material numa das vieiras, ou no prato. Ali flutuará, até que a ponta da agulha se volte para a boneca rival. Se isto não acontecer, a feiticeira forçará as circunstâncias, sendo, porém, o fato indicação de que a sua competidora é poderosa e tem grande influência sobre o homem disputado por ambas. Indicada a ponta da agulha, conforme se explicou, a oficiante a denominará de "objeto de seu desejo", ou "homem amado", e a chamará pelo nome do mesmo, clamando-o três vezes seguidas.

Cantará, então:

"Gira! Gira, em volta plena,
Minha aliada, tu verbena,
Que assim meu poder cresça,
E o dela, todo, desapareça!"

Aos dois primeiros versos, contudo, colocará a verbena na outra vieira, ou no prato onde está a casca de árvore com a agulha; aos dois últimos, deslocará levemente o ímã, da boneca rival para o espelho.

Isto feito, tocará o solo dentro do círculo mágico com a varinha de condão (que é de azevinho[7]) três vezes, violentamente, ao mesmo tempo expelindo o ar de seus pulmões, com força.

O afastamento entre o ímã e o espelho deverá ser mínimo.

Nas cinco próximas noites, sempre à mesma hora, a feiticeira terá, apenas, de reforçar os ritos, com invocações a Arádia e Cernunnos, acendendo as velas do altar e queimando incenso, após o que, aproximará um pouco mais o ímã do espelho, que a representa. Assim, a atração sobre o homem ficará cada vez mais a favor da oficiante, com alheamento progressivo da rival.

Nestas ocasiões, cantará:

"Gira! Gira, em volta plena,
Minha amiga, ó tu verbena!
E os defeitos dela ora apareçam,
E que seus encantos se esqueçam.
Seja tudo como eu queira,
Que eu só domine, a vida inteira!"

---

7. Pode ser substituída por uma de laranjeira, pessegueiro ou madeira de árvore frutífera caracterizada por suas belas flores.

E aos dois primeiros versos, a feiticeira deitará verbena à água da vieira; aos dois últimos, porém, apenas eufrásia.

Chegada, enfim, a última noite do encantamento, o ímã deverá ser deslocado, num gesto decidido, totalmente para a frente do espelho, conferindo atração plena e total à maga. A agulha, contudo, estará com a ponta voltada para a oficiante.

Repetem-se os versos anteriores cantados com firmeza e em voz baixa; depois os primeiros versos, do outro estágio do bruxedo; mas não se acrescenta, já então, coisa alguma à água.

Não se toca mais em nada do altar, até que se complete a fase lunar, às vésperas da lua nova. Nessa ocasião, às nove horas da noite, a maga trespassa sua própria assinatura secreta, no triângulo de papel vermelho, costurando-o com fio de seda de igual cor, de forma a confeccionar um talismã portátil que usará enquanto lhe interessar a preservação desse amor. Nenhuma outra rival a perturbará enquanto o possuir a feiticeira.

Quanto à boneca que representava sua competidora, terá de ser queimada, atirando-se suas cinzas ao vento, em noite de tempestade violenta.

E o espelho que figurou a própria maga, neste singular bruxedo, terá de ser purgado em água de sal (grosso, triturado em ai mofariz de bronze, típico dos encantamentos), além de fumigação com incenso, mirra, benjoim e folhas de louro.

Após isto, se pronunciará a fórmula mágica de exorcismo, que repele todos os espíritos maléficos e elementais desgovernados, assegurando-se a tranqüilidade da feiticeira[8].

Quarto encantamento das bruxas de Gales

(para se transmutar a amizade em sincero amor)

Neste notável sortilégio, dos grupos de com pactuadas de Swansea[9], se obram as virtudes que favorecem os intentos românticos tanto de homens como de mulheres, não sendo o encantamento exclusivo de feiticeiras ou apenas oficiantes do sexo feminino.

---

8. Trata-se da primeira fórmula do capítulo intitulado "Proteção contra toda sorte de malefícios e resguardo de bruxaria rival".

9. Famoso centro de bruxaria, no País de Gales.

Recorre-se ao mesmo sempre que as amizades não se definem em rumo amoroso. O caso é que, dificilmente, se mantém afeição entre homem e mulher que não se transforme em relação mais natural e profunda.

Um belo dia, um ou outro descobre que seus sentimentos são de maior exigência, e que sua amizade é superior. Mas pode não haver igual correspondência, o que acarreta sofrimento e corações atormentados.

Os alquimistas tinham, para isto, seus filtros de amor, e na mitologia germânica eles se notabilizaram no célebre idílio de Tristão e Isolda, e na lenda do *Fausto*.

Entretanto, os povos célticos, muitos séculos antes da era vulgar, elaboravam filtros do gênero, sempre com êxito, segundo registrou a tradição.

Homem ou mulher apaixonados por pessoa de sua amizade, para evitar padecimentos e penas, conseqüentemente, cuidará de reunir os materiais simpáticos da poção secreta.

Tussilagem (*Tussilago farfara*) servirá aos intentos de mulher, como primeiro ingrediente, e, em sua falta, a *Tussilago integerrima*, vulgarmente conhecida por *unha-de-cavalo*. Para o homem, contudo, somente a raspa de presa de javali.

Os demais são comuns a ambos os sexos, como a *saxífraga-branca* (propriamente a *Saxifraga granulata*), que ainda se conhece por *sanícula-dos-montes*, bem como a popularíssima *verbena* (ou "camaradinha"). Acrescentem-se uma maçã bem rubra e de casca brilhante; dez cravos inteiros, do tipo de especiaria; óleo de canela (apenas sete gotas); uma relíquia do amigo (ou amiga); um espelho portátil, dos de cabo; finalmente, gatária (*Nepeta cataria*), a qual se chama comumente de *erva-das-gatos*, sendo uma labiada, do gênero da hortelã. Desta erva, são necessárias dez unidades.

O bruxedo principia de noite, às nove horas, em ciclo de minguante lunar, quando as substâncias devem ser postas sobre a ara, na câmara das encantações.

A mulher que praticar este bruxedo estará inteiramente nua, mas com um cordão de prata em torno dos rins, que seja longo, de forma a lhe caírem por diante, abaixo do umbigo, tocando-lhe, por inteiro, o púbis, uma parte deste cinto mágico. Ela antes deverá ter tomado banho completo, com água de flor de laranjeira, soltando os cabelos e deixando-os pendentes ao comprido dos ombros e sobre os seios.

A propósito, queremos lembrar que nenhuma feiticeira está autorizada a cortar os cabelos, desde sua iniciação. Pode apenas aparar-lhe as pontas, ao início dos novilúnios. Para este rito, ela os untará com óleo fino, usando perfume de rosas.

Traçará o círculo mágico com giz vermelho, pois todas as operações realizadas sem este espaço protetor, ou fora dele, são arriscadas.

Ajoelhar-se-à diante do altar, tocando a testa, os lábios, a garganta, o ventre, o umbigo e o púbis, assim como os bicos dos seios, e, finalmente, a nuca, com o punhal encantado, o qual sempre fica na ara para tais cerimônias.

Depondo-o de volta ao altar, invocará Cupido (Eros, o deus do amor), Afrodite (Vênus) e Ísis. Chamará, outrossim, em sua ajuda, seu espírito familiar e as ondinas (elementais das águas).

Invocadas todas as entidades, ela depois as saudará uma a uma, prosternando-se, e acenderá três velas de cera da cor laranja. Oferecer-lhes-á incenso e sangue de pomba, em sacrifício (não matará nem ferirá, contudo, a ave, mas há de obter-lhe o líquido vital por outras maneiras).

Segue-se a composição do filtro de amor, propriamente, que consta de três fases distintas.

Este trio de fases é denominado "Viagem Triunfal da União entre Cernunnos e Arádia".

PRIMEIRA VIAGEM

Usando o seu punhal, a feiticeira (ou o bruxo) deve ter o cuidado de não ferir a casca da maçã nesta operação primária, em que extrairá todas as sementes. Estas são postas à direita do altar, diante das velas.

A seguir, triturem-se as espécies (ervas, etc.), adicionando-lhes o óleo de canela, meia xícara de mel puríssimo, cinco gotas de sumo de limão, cinco gotas de água consagrada no altar mágico e uma gota generosa do próprio sangue, ferindo-se para tanto o polegar da mão esquerda, com o punhal dos rituais.

Formar-se-á, assim. um suco denso, o qual será posto no orifício central da maçã, juntando-se, nesta ocasião, uma pitada de sal grosso, tintura do da forma que já se descreveu nos bruxedos anteriores.

Quanto aos cravos, são metidos na casca da fruta, a qual é, então, envolta em pano. Este, no caso das mulheres, é obtido de urna calcinha, ou sutiã, que se tenha usado durante toda uma semana, sem lavar. Outrora, as bruxas usavam um retalho de saia, pois nesses tempos não traziam nada por baixo, como ainda hoje as escocesas em traje típico.

Os homens empregam para o mesmo fim uma parte qualquer de suas roupas, de preferência camiseta ou a parte anterior da cueca ou ceroula. O essencial é a intimidade direta com o corpo de quem faça o feitiço.

Numa grelha, sobre o fogo, que será de madeira olorosa de pinho, ou abeto, cozinha-se a maçã encantada, numa assadeira de barro vidrado.

Durante a cocção, (o)a oficiante torna ao altar, onde canta esta fórmula:

"Maçã, tu és do meu amor,
Sentirei de teu corpo o calor.
Nosso afeto, tão sincero,
Em mútua paixão eu o quero,
Por tais artes, mudado.
Não simples amigos, lado a lado,
Já não te sentirás como irmã(o),
Ao morderes, de gosto, a maçã.

Ansiarás por minhas carícias,
Ao sentires do filtro as delícias.
E antes que termine a semana,
Tua alma não se irmana,
Mas ardes, sim, de amor,
Mudada em desejo a amizade
E o afeto em ardor,
Que o espelho, na verdade,
Em que me ponho, dominante,
Reflete, agora, o teu amante."

E se beijará o espelho sete vezes. Entretanto, a relíquia da pessoa a enfeitiçar será colocada sobre ele, sendo-lhe costurada em torno, com fio de seda vermelha.

PENTÁCULO DE BRUXEDO AMOROSO FAVORECEDOR DE FORÇAS FEMININAS

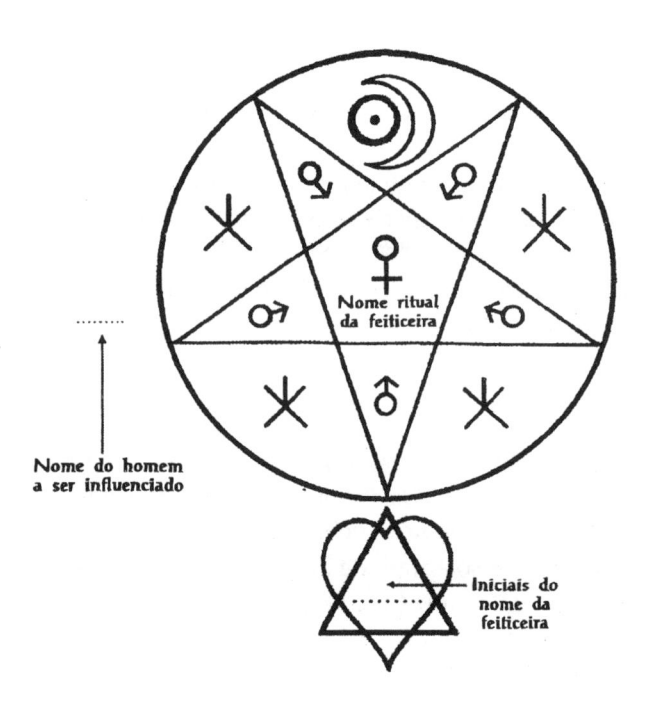

Nome ritual da feiticeira

Nome do homem a ser influenciado

Iniciais do nome da feiticeira

O uso deste pentáculo favorece, em especial, a potencialidade feminina, que é exaltada pela presença abrangente da Lua, que aqui domina a união entre macho e fêmea, bem como pela supremacia do símbolo de Vênus no centro da estrela. O desenho abaixo do círculo reforça a ação do sortilégio.

Acender-se-á um bastão de incenso, borrifando-se, em seguida, a relíquia com água consagrada. O espelho, assim envolto, será deitado no altar, com a superfície polida (coberta agora) para baixo. Sua posição será central, junto do sangue de sacrifício da pomba. A gatária ficará em volta do espelho, formando uma espécie de cercadura de imantação.

Caberá, neste momento, retirar do fogo a maçã, a qual será comprimida levemente, de modo a se lhe escorrer o suco, o qual se recolherá num frasco de cristal.

Este, para tal operação, será lavado em água de fonte, três vezes, para sua purga, a fim de que receba os eflúvios dos elementais (ondinas, em tal caso).

Tampa-se o frasco com rolha virgem, sobre a qual se escreve com tinta negra, usando-se a pena de ganso, dos apetrechos mágicos, a inicial do nome de bruxedo do(da) oficiante.

Finalmente, coloca-se o frasco, com o sumo da maçã preparada, atrás do espelho, na ara.

SEGUNDA VIAGEM

O bruxo, então, manda recado à sua amiga, ou a feiticeira ao amigo, conforme seja o caso. Diz-lhe que tem algo sensacional a falar-lhe e que, em nenhuma hipótese, deixe de vir.

Ao chegar a pessoa, antes de lhe dizer de que se trata, convida-a a comemorar o fato, que é grande surpresa. Invente-se qualquer desculpa plausível, mas protele-se a notícia principal, despertando um máximo de curiosidade.

A primeira coisa a fazer será oferecer bebida, sendo fácil conhecer-se a preferência do convidado (ou convidada). Nesta, no entanto, ministre umas três gotas da poção mágica. Não importa qual seja a bebida: café, chá, chocolate, licor, vinho, etc.

Depois que houver bebido, o amigo (ou amiga) se encantará, passando-se à segunda fase, quando se dirá que existe algo interessante a mostrar. Será o espelho do altar, manipulado de tal forma que ele (ou ela) se reflita no objeto enfeitiçado. Isto dará ao bruxo, ou à feiticeira, governo dos sentimentos da visita.

Quem fizer o bruxedo, contudo, não poderá ver-se no dito espelho, a fim de não enfraquecer ou, até mesmo, anular o sortilégio.

É bom que a pessoa tome outra dose de bebida, reforçada com mais três gotas do filtro de amor, não sendo isso, no entanto, indispensável. Um modo de despertar-lhe a sede consiste em oferecer-lhe salgados, biscoitos e similares.

Sem embargo, tendo olhado seu próprio rosto no espelho, a vítima do encantamento terá como que uma revelação, pois sentirá seu afeto, ou amizade, transmutado em amor ardente e fiel.

Recomendam os grimórios, e outras obras de magia, que não se force a situação. Nesse encontro, com efeito, o autor do feitiço fingirá que nada percebe de anormal ou diferente, esperando que o objeto de seus amores se manifeste ou declare, o que fatalmente não deixará de acontecer.

O espelho mágico, porém, deve ser enterrado, na manhã seguinte, debaixo de uma árvore frutífera, de preferência macieira.

Falta, ainda, a terceira e última "viagem".

TERCEIRA VIAGEM

Por vezes, a pessoa a encantar pode ser, ela mesma, dada a bruxedos, e assim estará cercada de resistências, com verdadeira armadura astral que as emanações alheias não possam penetrar, ou, quando isso ocorre, o assédio se atenua.

Não é de espantar, por conseguinte, que permaneça a amizade, ou que o amor conseguido seja pouco intenso.

Isto exige recurso à terceira fase, quando a feiticeira (ou o encantador) embarcará em sua terceira viagem. Há casos em que esta última há de ser prolongada, até se alcançarem os fins colimados.

O primeiro passo será acender três velas, todas as noites, sendo elas da cor vermelha, para se dar vigor ao primeiro bruxedo.

A preparação dura uma semana e não exige outro ritual, exceto o das "chamas da vida", em que se abrase o amigo, ou amiga, no amor que devota ao outro e para o qual deseja reciprocidade.

Faz-se novo e insistente convite. Como anteriormente, ser-lhe-á dado algo a beber, mas agora com o dobro da dose do líquido da maçã enfeitiçada.

Seria estranho reapresentar o espelho. Portanto, um olhar de grande firmeza e franqueza poderá ser eficaz.

Supõe-se que haja grande intimidade entre ambos. Se, contudo, não a houver, que se exagere a cordialidade, passando-se o braço em torno dos ombros da visita. Num arroubo de alegria, até mesmo, pode-se beijá-la, mas que seja só no rosto.

No caso de manipulação por feiticeira, tais expansões cabem melhor, e ela poderá vestir-se de maneira atraente e excitante, com decote, saia curta e outros engodos, inclusive perfumes. Além disso, não lhe custará portar-se de forma algo arrojada, despertando a concupiscência natural do amigo a quem ama. Se ele a merecer, de fato, sendo másculo, ainda que tímido, a noitada será agradável.

O homem, todavia, que arma esta cilada mágica a sua amiga terá de comportar-se de forma tal que "não assuste a caça".

Resta o consolo de pensarmos que a senhorita ou a mulher que se arrisca a uma visita noturna a um cavalheiro (nem sempre elas sabem que seus amigos são bruxos...), por mais que nele confie, terá razões decididamente justas para supor que ele sucumbiu, enfim, a seus encantos naturais. Se o galã a elogiar, pela elegância, beleza ou mais predicados femininos, a mulher ficará lisonjeada, e isso representa uma brecha para o assédio amoroso.

Há que se aproveitar o momento psicológico, ou de mínima resistência. E como nem tudo se aprende nos livros, que cada homem em nosso caso particular, cada bruxo – use, nessa fase propícia, seu método usual de sedução e conquista. Aliás, os bruxos são sempre agressivos no amor, tanto mais que sua condição especialíssima lhes inspira maior confiança, impelindo-os a ações arrojadas.

Mago ou feiticeira, o ambiente deve estar preparado convenientemente, com sofás, almofadas, música suave e, não sem alguma discrição, incenso. Com este se queimará, ainda, gatária.

Estando os dois amorosos sentados, ainda que como amigos, o que se dará um jeito de acontecer em ambiente à meia-luz, o encantador (encantadora) alisará os cabelos do encantado (encantada), buscando provocar-lhe sono.

Será bom que a visita acabe dormindo. Se tal lhe passar, o bruxo, ou feiticeira, com as unhas, traçar-lhe-à, do lado esquerdo do peito, correspondente ao coração, primeiro um triângulo (a ponta, é claro, tornada para cima).

Neste, inscreverá um coração, no qual escreverá as iniciais de seu nome mágico, que foi aquele que adotou no cerimonial de sua iniciação oculta.

Se a pessoa não dormir, dar-se-á um jeito de fazer o desenho mais discretamente, num gesto de carinho, sendo difícil que a gentileza não seja apreciada.

Por uma questão, contudo, de nobreza de alma, solicitamos aos leitores que só usem os artifícios deste bruxedo quando suas inclinações afetivas forem intensas. De fato, nada mais pérfido do que um homem abusar de sua dedicada amiga, de uma donzela ou da mulher de um homem que a aprecia de fato. Entretanto, já foi dito que a paixão tudo admite.

E assim termina o quarto dos encantamentos tradicionais, com o ritual de amor das bruxas e feiticeiros do País de Gales, que servem a Arádia e Cernunnos, rigorosamente de acordo com os ensinamentos ocultos dos povos célticos.

Nossos louvores e homenagem ao princípio dual.

Quinto encantamento das bruxas de Gales
(para eliminar rivalidades, conquistando em definitivo a pessoa amanda)

O objetivo, propriamente, deste bruxedo – segundo nos foi transmitido por Conne, maioral dos círculos de Glamorgan – é afastar as rivalidades, deixando campo aberto aos que se amam. Por estes mistérios se patenteiam índole e caráter, de tal maneira que o homem ou a mulher se conheçam plenamente, assim como as qualidades e os defeitos (*vícios ou virtudes*, como o dizemos em feitiçaria) dos que disputam conosco, em posição terceira, os afetos de alguém.

Conforme as normas até aqui seguidas, apresentaremos primeiro os ingredientes ou substâncias mágicas indispensáveis.

Estas são, antes de mais nada, uma relíquia de quem se ama. Faz-se então mister uma outra, da pessoa rival (homem ou mulher, consoante as circunstâncras).

Acrescentam-se tiras de pano, botões e o mais necessário à feitura de uma boneca, para representar a figura rival. Igualmente, materiais semelhantes para se fazer boneca de encantação da pessoa querida.

Tudo se completa com cinco velas de cor laranja, e que sejam de cera excelente; cinco velas brancas, das de libra (os bruxos e as feiticeiras sempre dispõem de bom suprimento em suas câmaras secretas); flores de malva-branca *(Sida carpinifolia)*, outrossim denominada *vassoura*; e morrião *(Anagallis arvensis)*.

A obra de magia tem início em qualquer noite de lua minguante, quando se fazem as duas bonecas, ou seja, da pessoa rival e de quem se ama. Afora o material citado, usem-se fragmentos de relíquias, ou estas completas, para as imagens.

A pessoa rival deve ter apresentação desprestigiosa, com retalhos de cores vivas que lhe sirvam de vestes, sendo, porém, o corpo de panos sujos de terra ou lama. Sobre o rosto, feio e deforma-do, coloca-se máscara de boa apresentação ou bonita, procurando-se contrastar os defeitos que se ocultam sob uma bela aparência enganosa.

A imagem da pessoa querida, entretanto, deve ser simples e tão bela quanto possível, com um traje sóbrio.

As duas bonecas prontas são, em seguida, colocadas no meio do altar, defrontando-se a curta distância.

O ritual principia por uma invocação aos espíritos dos elementos da natureza, o que ocorre dentro do círculo mágico. Saúdam-se depois Arádia e Cernunnos, com prosternações cerimoniais, acendendo-se todas as velas. As coloridas estarão à esquerda, as brancas à direita.

A feiticeira oficiará nua, depois de banhar-se em água de malvás-brancas, com os cabelos simplesmente penteados a caírem-lhe pelos ombros e sobre os seios. Trará no pescoço uma corrente de prata, com duas lapas (*Patella*, molusco gastrópodo), mas do qual se usarão apenas as conchas vazias.

Acenderá agora o incenso no turíbulo, agitando-o, e queimará com ele uma pitada de morrião seco e triturado, e outra de flores da *vassoura*, em iguais condições.

No dia seguinte, à mesma hora, às nove da noite, haverá repetição deste rito, com a diferença que, desta vez, será retirada uma das peças do traje da imagem rival.

Ainda nesta segunda noitada do bruxedo, será acesa mais uma vela, de cor violeta, que se porá entre ambas as bonecas. Isto simboliza esclarecimento: proporciona-se alguma luz à pessoa amada, a fim de que esta veja melhor a figura do rival (da rival), a qual se revelará, aos poucos, quanto à sua verdadeira natureza. Quem oficia diz:

"Fulano (fulana) cá está bem adornado(a),
mas breve será revelado(a)."

A vela deve arder até o fim e, no intervalo, se cantará uma canção alusiva a sua glória, decadência e queda final, o que se há de improvisar para tal ocasião.

Na terceira noitada, quem oficia acende duas velas de cor violeta, usando, porém, a cera da que restou da noite precedente. Suas posições serão as mesmas, entre a pessoa amada e a rival. Dir-se-á:

"Cá está quem te acompanha,
mas cedo lhe verás astúcia e manha."

O resto será como anteriormente.

Na quarta noite, todavia, serão acesas três velas de cor violeta, nos restos das que se usaram antes, sendo colocadas entre ambas as imagens. Será dito:

"À Terra, ao Fogo, Água e Ar conjuro,
para que se te mostre o que há de Impuro."

Como das outras vezes, enquanto ardem as velas, canta-se o que se improvisou sobre a pessoa rival.

Vinda a quinta noite, acende-se uma vela de cera branca, nos restos das anteriores, fazendo-se com parte destas últimas um coração tosco. Este é colocado atrás da imagem figurativa da pessoa amada, juntamente com uma relíquia qualquer de quem oficia. Isto concorre para ligar mais o bruxo (ou feiticeira) ao ente querido.

Retira-se, contudo, mais uma peça dos atavios externos da imagem rival, dizendo-se:

"De que lhe adiantam roupagens, artifícios,
se se lhe mostrarão os maus ofícios?"

Na sexta noite, acende-se nova vela branca, de libra, quando se dirá:

"Na verdade se mascara,
mas logo se lhe verá a cara!"

Na sétima noite, acesa mais uma vela, sempre na posição habitual entre os dois bonecos, dirá quem oficia:

"Tu a adoras e a desejas,
quando seu cheiro não é o das cerejas..."

E será tirada a última peça de adorno externo.

Na oitava noite, acesa a vela branca de libra, é esta posta bem próxima da imagem rival, totalmente despida, mostrando-se-lhe o corpo vil e imundo. Será dito por quem oficia:

"Tu te espantas, surpreendes,
e agora te arrependes!"

Na última noite, que será a nona, acendem-se duas velas diante da imagem rival, ambas de cor vermelha. O bruxo (feiticeira) dirá então:

"Vês, agora, a mentira e a verdade,
revelando-se da rival a falsidade!"

O oficiante deita-se diante do altar, depois se ergue num salto, pega do punhal mágico, retira com sua ponta a máscara que recobre o rosto da imagem desprezada e exclama, com tanta ênfase ou dramaticidade quanto lhe seja possível:

"Ó criatura minha amada,
Que até aqui não vias nada,
Caíram-te as escamas dos olhos,
Retirados da imagem rival os antolhos.
A máscara já não em engano usa
Quem de tua boa fé abusa.

Podes vê-la tal qual é,
De perfídia imunda ré.

Quebrou-se-lhe todo o encanto,
Foi-se-lhe o poder, pra teu espanto.
Revelado, pois, seu vezo,
Dela só tens desprezo."

Atira-se às chamas uma pitada de pólvora e pó de enxofre. Enquanto o fogo se aviva, canta-se um improviso triunfal da vitória sobre o rival (a rival) vencido (vencida).

Resta agora convidar a pessoa amada a uma visita. Nessa ocasião, a imagem desprezível será guardada num estojo semelhante a um esquife, envolto em veludo roxo. A peça fúnebre estará bem visível para que o ente querido a perceba, mas nada se lhe esclarecerá a respeito – no que há grande perigo para quem fez o feitiço.

Será servido um chá, ou outra bebida, com suco de morrião e verbena (esta última é dedicada a Vênus, a querida e venerável deusa do Amor).

A pessoa rival sairá da vida daquela (daquele) a quem o bruxo (a feiticeira) ama. Restará queimar, após a despedida, ambas as imagens, em fogos separados. As cinzas de quem se ama (isto é, de sua figura) serão guardadas num escrínio virgem de veludo branco. As da boneca rival, lançadas em terra estercada ou lama suja.

Agradece-se aos ele mentais, queimando-se incenso, mirra e canela em sua honra, e ofertando-se-lhes uma grinalda de rosas brancas e vermelhas, cerimonial que se realizará numa bela manhã de domingo, com claridade solar, depois de ter o bruxo (feiticeira) tomado banho completo, vestindo suas melhores roupas.

Quando é um bruxo que realiza esta magia, deverá estar descalço, todas as nove noites, envergando uma túnica de linho branco. Terá em volta do pescoço um cordão de ouro fino, sem berloques.

A feiticeira, contudo, estará desnuda; e, no mais, conforme já foi descrito no princípio.

Eis aqui o termo deste quinto encantamento de amor – tudo de conformidade com a tradição seguida secularmente pelas bruxas e bruxos da consagrada dispensação céltica.

Sexto encantamento das bruxas de Gales

(para quebrar a resistência das donzelas)

Este bruxedo tem mais valor histórico, talvez, do que prático, dada a liberdade de costumes e maior compreensão do temário sexual nestes tempos modernos.

Entretanto, como sempre se encontrarão virgens zelosas de sua castidade, conviria ao feiticeiro que conhecesse meios de quebra de resistência. Mas isto somente se recomenda quando é grande a paixão; e roga-se, insistentemente, que o feito se complete por casamento.

O mago que já não puder conter seus ardores e anseios românticos para com uma certa donzela terá, primeiro, de reunir os necessários ingredientes.

O principal é uma colher generosa de raiz de inhame-da-índia (*Dioscorea alata*), encontradiço em áreas alagadas e brejos ou terras baixas e úmidas. Aliás, convém lembrarmos que aqueles e aquelas que se dedicam à magia precisam ter bons conhecimentos práticos de botânica elementar, assim como de química dos corpos simples, para saberem manipular os ingredientes das receitas de encantamentos.

Em Gales e na Escócia, usam-se o *Chamaelirium luteum* ou *Helonias bullata*. Na América do Norte, os que seguem a tradição recorrem a uma espécie de inhame-bravo (*Aletris farinosa*, *A. aurea*) ou à *Dioscorea paniculata*. Há, pois, certas adaptações que, no entanto, não tiram a força do feitiço.

Sete-em-rama ou tormentilha (*Potentilla tormentilla*), cuja raiz se apresenta peculiarmente no formato de um crânio minúsculo, é o segundo elemento desta magia, bastando cinco unidades.

De óleo de cravo (tempero) o bruxo reserva sete gotas.

Cinco cogumelos comestíveis, de qualquer espécie, sem os talos, completam a parte vegetal.

A tudo isso o feiticeiro acrescentará uma gota de sangue, que será de seu polegar esquerdo, tocado com a ponta do punhal consagrado que mantém em seu altar.

Os materiais acima serão misturados, após triturados no almofariz de bronze, para, depois de coados em peneira nunca dantes usada, e de tela de arame, constituírem o suco fundamental de um *filtro de amor*, ou poção de influência amorosa.

Coze-se a mistura antes, entretanto, no caldeirão de ferro, consagrado, num braseiro; jamais em fogão a gás ou elétrico.

A lua cheia é o melhor período, e a hora a meia-noite.

O bruxo estará nu, exceto por sua túnica de linho branco, e trará o cordão de ouro, sem berloques, em torno do pescoço.

Quando a cocção entrar em fervura, empunhará sua espada mágica, que sempre se encontrará no altar, do lado direito, em posição de honra, e tocará as chamas com a ponta da arma, concentrando-se em Arádia e Cernunnos, a quem pedirá proteção e sorte.

Imediatamente, arrefecerá o aço no líquido, dizendo:

"Minha espada simboliza o amor,
E em seu punho está meu valor.
Com teu coração trespassado,
Tudo em ti será mudado.
Pela força dos elementais,
Não me resistirás jamais!"

Invocará então os quatro elementos naturais, a saber, Terra, Água, Fogo e Ar, exclamando, com a espada estendida, de ponta virada para o altar:

"Que teu coração se transmute, ó fulana de tal!
Vem a mim com humildade,
Submissa, na verdade,
E que teu desejo ardente,
Não me seja indiferente.
Possas estar sempre a meu lado,
Como assim te é mandado.

Moça, virgem, donzela, de coração ferido,
Não deixes de vir ter comigo,
Que a ti já sou unido,
E neste ato a mim te ligo,
Pelas virtudes naturais
Dos quatro elementais.

De resistir não tens vontade,
Que da paixão sentes tormento,
E aceitas com humildade
Meu amor neste momento.

Eu te domino com poder,
E teu coração já me pertence,
Pois o amor te vai vencer,
E o mais forte sempre vence!"

E diz a seguir o mago:

"Eu te invoco e convoco, pelas potências a que estou unido e ligado, desde o princípio, fulana de tal. A mim virás, e me amarás, e servirás, e seremos uma só força, um só pensamento, um só coração, em única e fiel união, pela eternidade."

Ao término deste conjuro, toca-se, subitamente e com decisão as substâncias ferventes, com a ponta da espada mágica.

Esta ação simboliza a perda da virgindade da jovem amada e uma união espiritual duradoura. Mas, se o amor que sente o bruxo não for sincero e sobretudo intenso, ela não cederá.

A seguir, o bruxo acende sete velas azuis, de cera, bem como uma violeta e outra de cor laranja. As primeiras estarão dispostas em círculo, tendo ao centro as diferentes: a violeta representará a jovem, ficando à esquerda; a outra, o feiticeiro, à direita.

A ponta da espada tocará as chamas das velas, a partir da esquerda. A última a ser tangida será a correspondente à donzela. Elas serão acesas imediatamente após dispostas no altar ou ara.

Somente então o bruxo recolherá a mistura fervente, para filtrá-la. O suco mágico será despejado num frasco de cristal branco, nunca usado. Antes de fechá-lo (e a tampa será do mesmo cristal), o mago deixará cair uma gota de seu sangue no filtro.

Curvando-se diante do altar e guardando os materiais de seu rito, o bruxo voltará as costas, sem olhar para trás. Tomará um banho simples, sem sabão, e irá dormir.

De madrugada, envergará a túnica cerimonial, prosternando-se diante do altar, dentro do círculo mágico. Recolherá, então, o frasco, que deixara ali.

Enviará um lenço de linho cor-de-rosa à moça, como presente, pedindo-lhe que o guarde e use, em sinal de amizade e simpatia. Na prenda estarão bordadas, com fio de seda azul, as iniciais da jovem. O presente tem que ser de ótima qualidade, não havendo motivo para ser recusado.

Cabe esclarecer que a donzela a ser enfeitiçada terá de conhecer, previamente, o bruxo. Do contrário, este recorrerá a amigos ou amigas para que sirvam de veiculo à transmissão da prenda, sob qualquer pretexto.

É sabido que esta prática mágica é de resultados seguros, mesmo que também a pessoa visada seja dada a encantamentos e bruxarias.

E esta é a sexta das encantações de amor, consoante a tradição mágica em territórios galeses.

Sétimo encantamento das bruxas de Gales
(para conquistar o amor de pessoa de nível social diferente)

A diferença referida acima é, principalmente, de formação moral ou categoria social, como quando, por exemplo, o bruxo pretende influenciar uma religiosa, uma dama rica ou das classes nobres.

Um profundo contraste, entretanto, entre o encantador e a encantada representa o motivo deste mistério.

Assim, é possível o afeto entre o mago e certa mulher famosa ou singularíssima, como as atrizes, artistas, intelectuais e outros tipos menos conhecidos. Igualmente, serve esta receita para as feiticeiras que almejem ligar-se a homens especiais.

Um sortimento de velas novas é a primeira coisa que se torna essencial ao bruxedo.

O mago (ou maga) terá de procurar algumas que sejam vistosas e de formato diverso ou cores pouco usuais. Nem uma só de tais velas poderá ser lisaou simples. Pelo menos a metade será de cor vermelha, sendo as demais de matizes variados.

Haverá ainda uma vela de libra, comum, de cera branca.

Segue-se o material para feitura de um boneco, ou *semelhança* (como se costuma dizer em feitiçaria) do autor do bruxedo, além de uma relíqura da pessoa a encantar.

Tal como quase todos os precedentes, este rito mágico decorre na fase da lua minguante, iniciando-se às nove horas, pois que o número nove corresponde ao "planeta" Lua (assim considerado exclusivamente para fins astrológicos e mágicos, em oposição à ciência astronômica).

A operação principia pela feitura do boneco (*vulto secreto*), usando-se uma forquilha dupla, de qualquer tipo de árvore (a rigor, azevinho ou teixo, mas isto não é essencial). Essa forma especial permite a imitação dos braços, pernas e outras partes. Tal estrutura servirá de base para se moldar a imagem, com argila ou cera branca, sendo depois vestida com uma túnica de linho, costurada com fio vermelho, de seda. A figura deve comportar algum objeto de uso pessoal do bruxo, para sua melhor identificação com o mesmo.

A seguir, também com cera e argila, o mago faz uma boneca, a qual representa a mulher de seus desejos.

Mas a forquilha, nestas circunstâncias, tem de ser formada de dois pedaços, sendo cada qual de uma árvore diferente. Ambas as árvores terão de ser mais velhas do que aquela da qual se tomou a forquilha para a imagem do próprio. Se for possível armar a estrutura com madeira de três árvores, tanto melhor.

A imagem da mulher precisa ser vestida com panos de muitas cores, de preferência retalhos de vários tipos de fazenda. A cabeleira será de retrós, ou linha de seda, de coloração preta, amarela ou avermelhada, de conformidade com a própria cor dos cabelos da pessoa.

No pescoço, o mago lhe porá um colar de miçangas, das cores mais diferentes possíveis. Na feitura desta boneca se usará alguma relíquia obtida da mulher a encantar.

Como primeiro passo do ritual, tratará de aspergir a boneca com água consagrada especialmente para este ato, operando diante do altar e no círculo mágico.

Ela será, pois, colocada no centro da ara, do lado esquerdo, ao lado do boneco representativo do oficiante, estando, porém, as imagens de costas uma para outra.

Será, então, acesa uma das velas sofisticadas, de qualquer cor, apanhada ao acaso, sendo dito:

"Pela Terra e pelos Céus, eu te conjuro,
Torna a mim teu rosto, tão sereno;
Nascendo, entre nós, só amor puro
Por virtude do sereno!"

O bruxedo completo, neste rito, dura um total de sete dias, daí a alusão ao "sereno".

No segundo passo, à mesma hora da noite, escolhendo-se vela de cor sempre diferente, faz-se o mesmo conjuro, girando-se, contudo, a boneca, de forma a ir-se ela aproximando da representativa do bruxo, voltando-lhe, aos poucos, o rosto.

Na terceira noitada, repete-se o ritual, virando-se a boneca mais um pouco. Isto ocorre nas demais noites, até a sexta, quando a boneca estará quase de frente.

Na sexta noite, entretanto, o feiticeiro se ajoelha diante da ara, invocando os espíritos elementais, e lhes oferece incenso, água consagrada, terra, pedras e ar. O incenso representa o fogo; e a espada mágica, agitada em torno da cabeça do bruxo, representa o ar.

SIMBOLOGIA DOS PENTÁCULOS

O círculo encimado pelos cornos da Lua exprime a força de Cernunnos, divindade masculina dos bruxos e feiticeiras celtas, bem como a união entre Lua e Sol, ou Ísis e Osíris. A figura com travessa exprime o látego ou chicote das feiticeiras. A sinuosidade simples, o beijo iniciático e de saudação dos adeptos. Os triângulos e o pentágono ou estrela de cinco pontas são símbolos dos vários graus de iniciação. A Lua minguante e a crescente em oposição representam concentrações de força lunar, costumando estar gravadas no *athame*, que é a faca ou espada dos magos.

Isto feito, ergue-se o oficiante, pede a bênção de Arádia, Astarte, Ísis e Vênus, e roga que o auxiliem naquilo que mais deseja nessa ocasião especial.

Cabe-lhe, agora, virar de frente para a boneca a sua própria *semelhança*, acendendo duas velas de cores diferentes, e pingando gotas de cera no peito das figuras, de modo que misture as ceras, em união simbólica. Dirá:

"Atra é a noite, mas de prata o luar,
Tal como a ti amo, tu me hás de amar.
Volta-te a mim, um pouquinho cada dia,
Mas sempre que te voltares, seja com alegria.
Vira-te para mim, fulaninha; girando vem!
Teu coração se inflame, por mim, meu bem!"

Enfim, no sétimo passo ritual, ou na sétima noite do bruxedo, o oficiante – feitas as invocações aos elementais, dentro do círculo mágico, perante a ara – acende sete velas de várias cores, e depois uma branca, de libra, estando as imagens encostadas estreitamente, e de frente uma para outra, amarradas com um fio de seda escarlate.

Tocando as cabeças das imagens com a espada, ele dirá:

"Pelo Fogo, pela Água, pelo Ar
E pela Terra, tu me hás de amar,
Ó fulaninha de tal; e te conjuro
A que venhas a mim, neste altar,
Ou à luz do dia ou da noite ao escuro,
E te juntarás a quem te deseja,
Enquanto meu amor te abrasar,
E que assim seja!"

O feiticeiro pegará então a boneca, passando-a pela chama das velas, mas sem que se possa queimar ou chamuscar sequer, razão por que o fará rapidamente e com destreza.

Nesse momento, clamará três vezes o nome da amada, convocando-a, com vibração especial na voz, numa espécie de cantochão.

Deposta a boneca na ara, deitada sob a do bruxo, em submissão e cópula simbólica, ele passa mais alguns fios em torno das imagens, unindo-as muito bem. Os fios representam como que um anelou aliança de matrimônio.

Em seguida, toca ele o chão, dentro do círculo mágico, com o punho da espada, sete vezes; e mais três com a varinha de condão. Cruza os braços e prosterna-se, até que ardam completamente as velas do sacrifício mágico.

A cera que restar, devidamente raspada do altar com o punhal consagrado, é posta num estojo de bronze ou cobre, sendo guardada numa prateleira, das que haverá na câmara dos bruxedos.

As imagens são envoltas em seda verde, de uma peça virgem, e guardadas atrás do altar.

Será realizada, assim, a almejada conquista, em conformidade com os efeitos típicos dos rituais célticos.

Primeiro sortilégio dos magos da Escócia
(para quando a carne é fraca, ou frágil o membro)

Este segredo de magia, característico das tradições da região do Loch Lomond, serve, desde remota antigüidade, para cura de todos aqueles que, seja pela idade avançada, seja por muitas outras causas, padecem de enfraquecimento de suas forças viris. As bruxas chamam, a isto, de "fraqueza da carne".

Ocorre, muitas vezes, que a causa do mal seja algum feitiço posto a um amante infiel, ou a algum homem ingrato com as mulheres.

Desconsiderando-se a causa, é sempre igual a eficácia, a menos que de todo extintas as virtudes naturais.

Os grimórios e tratados de bruxedo, porém, frisam que não convém tentar o encantamento, se o indivíduo tem mais de 80 anos, salvo em casos "excepcionalíssimos".

A propósito, há que se esclarecer que a impotência pode verificar-se de duas maneiras: ejaculação precoce, que muito decepciona as mulheres, levando-as à desilusão extrema, e mesmo ao desespero e desprezo do homem; ausência de rigidez do membro viril, para maior desgosto, ainda, de todas as damas, deste mundo e do outro.

O bruxedo é realizado não pelo próprio interessado na cura, mas pela interessada. E este fato é tão especial que ela nem precisa ser uma feiticeira. Mas, melhor que o seja, pois, então, o resultado promete maior eficiência e mais pronta cura.

Antes da feitiçaria, deita-se a mulher com o homem, num tapete, dentro do círculo mágico, onde se abraçam e se beijam, estando ambos nus, e após o banho. Esta é uma última tentativa de realização natural e normal.

Se a mulher não tiver qualquer surpresa agradável (isto é, para si mesma...) e o tal menos ainda, convirá que ela lhe manipule a região em torno do prepúcio, uma vez descido o manguito. Poderá dar ou não certo. Nunca se sabe do que é capaz mão de feiticeira.

Malogradas estas novas esperanças, a feiticeira, que deve ser sempre mais jovem do que o infeliz, terá de decidir, enfim, mesmo, pelo notável encantamento.

Os preparativos são: um saco de couro de carneiro e cordel do mesmo material; um ramo de alguma árvore nova e vigorosa; dois seixos brancos e redondos, dos pequenos; uma vela vermelha e de grosso calibre.

O trabalho começa de madrugada, com o nascer do sol, mas em fase de plenilúnio, para que haja alguma seiva nas glândulas do paciente.

Recomenda-se, entretanto, que os dois seixos (ou pedrinhas) aludidos sejam recolhidos perto da raiz da árvore de que se toma o ramo para o bruxedo.

Tal ramo, com folhas, deve ser mais ou menos da espessura do polegar da feiticeira. Ela própria apanhará os materiais.

O homem permanece deitado dentro do círculo mágico, enquanto a feiticeira se ajoelha diante da ara, invocando as forças supremas dos elementais. Depois, coloca o ramo e os seixos no centro do altar, e, tocando a vela no membro viril do paciente (e bom seria que houvesse nele um mínimo de essência vital ou sêmen), ela acende um braseiro de carvão vegetal, onde atira um pouco de incenso e mirra. Levantada a fumaça, inflama a vela nas chamas do braseiro e a coloca no centro da ara.

Enquanto arde a vela, a feiticeira coloca o ramo dentro do saco, junto com as duas pedras, tal como se fora um membro com os testículos no interior de uma vagina, segundo este simbolismo. Costura-se com linha vermelha e grossa, de algodão, encerada na substância da vela que se queima, a boca do saco, em torno do ramo.

Está assim pronto um talismã de virilidade.

A maga tem de passá-lo nove vezes e mais sete (números da Lua e de Vênus, respectivamente) pela chama da vela, quando cantará, dançando diante do altar:

"Que lhe venha rigidez de carvalho,
E de pedra dureza,
Que nisto não falho,
Por forças da natureza.

Que faça gemer as donzelas,
Sejam feias, sejam belas,
Debaixo de seu poder,
Sempre que as possa entreter.

Quando ufano se levanta,
Qualquer mulher se espanta.
Supremo sempre reinará,
Nem tal mal padecerá."

A feiticeira recolherá o talismã fálico do altar e baterá com ele sete vezes, nas nádegas, no peito, nos rins e nas coxas do paciente, e se deitará com este, mesmo que o tal nada possa, ainda, fazer.

O indivíduo vestirá suas roupas, indo para casa com o talismã, e não sairá de seu quarto durante três dias. Nesse período, usará o objeto de suas esperanças, passado por um cordão grosso, trançado de linhas vermelhas de algodão, em torno do pescoço.

Não comerá senão sopa de ervilhas, bem densa, com presunto, alho, salsa, cebolinha, coentro; mingau de aveia, ovos, pão de centeio e mel. Nada beberá, exceto água e leite quente, com pó de canela.

Ao dormir, concentrar-se-á na recuperação de sua potência. Poderá contemplar imagens eróticas, ou ler obras edificantes do mesmo gênero.

Passados os três dias, ocultará o talismã onde ninguém o possa ver, o que é ridículo e arriscado para sua cura.

Tomará banho e tornará a encontrar-se com a feiticeira. Ali em sua câmara de magia, dentro do círculo mágico, perante a ara, ficarão ambos nus, e ela acenderá uma vela.

Tratá-lo-á, a eficiente maga, com muito carinho, buscando excitá-lo. Assim se experimentará a restauração viril do visitante. Em noites alternadas, repetirão a cerimônia. Realizado o coito sete vezes, e nunca mais de uma vez em cada sessão mágica, ele poderá considerar- se são como um bode e tentar a sorte amorosa com outras damas. E é bom que nunca mais procure abusar de seus poderes.

Deve-se anotar que, se a impotência for de grau atenuado, ou seja, ejaculação precoce, poderá, ainda para maior segurança, o paciente tomar um banho frio, habitualmente, antes de suas cópulas, a partir da cura.

Os escoceses são usualmente muito discretos, de forma que não há registros, positivos nem negativos, quanto a experiências relativas a tal bruxedo.

Mas as feiticeiras da Escócia o ensinam, alegando que os resultados são tão verdadeiros quanto os dos demais encantamentos, mesmo que o trato seja dispensado por magas feias ou muito velhas.

Segundo sortilégio dos magos da Escócia
(para cura da frigidez feminina)

As decepções sexuais causadas pelas mulheres aos homens jamais costumam ser tão alarmantes quanto no caso inverso.

Sem embargo, ocorrendo frieza, há que se recorrer à magia, quando a medicina falhar, visto como, não raro, a explicação poderá ser algum bruxedo, por rivalidades, ciúmes ou inveja.

Na verdade, os próprios bruxos e feiticeiras não padecem dessas fraquezas, graças à intensidade de sua imantação constante, dentro de todo o rigor ritual, sendo esta uma das grandes vantagens da dedicação à feitiçaria e demais artes ocultas.

Por extrema discrição, conforme os seus costumes e condicionamento moral e social, a mulher fria entrará em contato direto com uma feiticeira, jamais com um bruxo, a menos que seja amigo íntimo e nele confie.

Entretanto, como pela lei das polaridades, opostos e contrários, a magia sexual exige homem para trato de mulher, e varão para trato de fêmea, a maga consultada recomendará um bruxo amigo para os ritos de cura da frialdade feminina.

Como acontece que, não raro, em tais ocorrências, a variedade e as práticas novas e diferentes podem dar bons resultados, o mago cuidará primeiro de tentar o que, em bruxaria, se denomina "rito natural", e isto é um eufemismo.

MODELO DE ENCANTAMENTO

Beleza   Poder   Êxito

Força   Elevação espiritual

    Um encantamento escrito pode comportar "runas" (sinais equivalentes a letras de um alfabeto) e símbolos diversos, como neste exemplo. Uma figura animal que lembra um gato, um rato ou coruja exprime a presença da feiticeira. Outros signos representam beleza, poder, êxito, força, elevação espiritual, amor e outros atributos desejáveis.

Trancará a porta de sua câmara, desnudará a paciente, deitando-se ambos no círculo mágico sobre um tapete verde de lã, e, acariciando-a e beijando-a, além de preliminares outras das que bem conheça, tentará excitá-la e copular com ela. Isto não constituirá cura, mas produzirá notável efeito psicológico.

Se a dama for pudica, sua amiga feiticeira poderá estar presente, incentivando-a e insistindo que isto se faz, respeitosa e naturalmente, para seu bem.

Fique bem claro, contudo, que não adianta cogitar dos aspectos clínicos nem científicos, como, por exemplo, desvio da fixação da libido (tal como no clitóris, que é muito comum). Isto cabe aos doutores, e aqui há suspeita de feitiçaria inibitória ou mal psíquico.

Terceiro sortilégio dos magos da Escócia
(para arranjar amante, namorado ou marido)

Embora este bruxedo seja usualmente recomendado às senhoras feiticeiras, não lhes é exclusivo, porque pode ser adaptado aos interesses masculinos.

A primeira coisa a fazer é preparar os ingredientes e as substâncias mágicas necessárias, que, aliás, neste caso, são bem simples.

Inicialmente, a verbena. Algumas feiticeiras costumam fazer confusão a este respeito, baseadas na tradição romana, por influência de leituras clássicas. Com efeito, os magos etruscos preparavam uma cocção de folhas diversas, como as de alecrim, loureiro e oliveira, consagrando o líquido assim obtido para filtros amorosos, e a isto chamavam os romanos, em latim, de verbena, o mesmo nome dado à planta que conhecemos também por *camaradinha*. Esta receita, contudo, é precisamente com esta última. Usa-se, da essência, meia colher das de chá, e a operação, preferivelmente, se realiza com colher de prata, para que haja uma contribuição planetária das virtudes da Lua.

O segundo elemento é uma vela de cera vermelha, de calibre médio e alta.

Segue-se uma caixa ou escrínio de madeira de cedro, forrada externamente de veludo azul-turquesa, mas, na parte interna, seda natural, apenas alvejada.

Outrossim, uma pedra mágica. Sua escolha é muito variável. Uma das mais recomendáveis é a chamada pedra lunar, um tipo de ortoclásio. Em algumas partes da Escócia se prefere a ágata. À falta de qualquer uma destas, fica bem a ametista, desde que sua coloração seja uniforme. Entretanto, nenhuma dessas gemas deve ser lapidada, porque em sua elaboração os eflúvios recebidos do artista ou técnico anulariam o magnetismo natural dos elementos da Terra, da ordem dos gnomos.

A pedra do bruxedo deve ser encontrada ou retirada de seu sítio nativo pelas próprias feiticeiras ou feiticeiros. Quando isto não é possível, passa por cerimonial de purificação, que consiste em sua exposição ao fogo, ao ar e à água, nesta mesma ordem, o que ocorre num só dia, a intervalos de quatro horas, entre o nascer e o pôr-do-sol.

Mas tornemos ao sortilégio: este começa às nove horas de uma noite de minguante, de preferência no primeiro dia da fase lunar.

Traçado o círculo mágico e estando tudo disposto na ara (*ver ilustração da pág. 69*) para o ritual, a feiticeira, após banho simples e tendo-se ungido com óleo fino e oloroso (de rosas), despe-se por inteiro, iniciando uma dança lenta e rítmica em torno do círculo, saltando, subitamente, para dentro dele.

Ajoelhando-se, invoca os poderes divinos de Hétus, que domina sobre o azul dos céus, e os de Lugh, que preside a luz eterna.

Pode, já então, acender a vela, com a chama da candeia do altar, e, pouco a pouco, vai deitando verbena ao fogo.

Da primeira cera escorrida, faz um coração e, durante a modelagem, canta:

"A cera em coração se mudou.
O que o fogo uniu em um somente
É nosso amor, que Brigit ligou,
Em eterno afeto e paixão ardente."

A propósito, Brigit (pronunciar *Bríguit*) é a deusa do fogo e do lar ou lareira, que entre os romanos correspondia a Vesta. Se aportuguesássemos seu nome para "Brígida", isto tiraria força mágica à invocação.

A operação seguinte consistirá em colocar-se a pedra do bruxedo no coração, ainda quente.

Este será posto agora na caixa de cedro, a qual estará na parte leste do altar, e atrás do turíbulo ou incensório, em que se queimam, permanentemente, durante as obras de magia, incenso e mirra.

A feiticeira pega a vela com a mão direita, fechado o escrínio, e põe-lhe selo mágico, com a cera derretida, tanto sobre a tampa quanto no bordo onde estaria o fecho.

Utilizando-se, então, da água consagrada do cálice mágico que sempre fica na ara, faz uma aspersão na caixa.

Ajoelhando-se, com os olhos semicerrados, brande a espada dos encantamentos – cujo nome técnico é athame –, e com sua ponta aguçada fere de leve o escrínio, e ergue-se de um salto, no centro do círculo mágico, cantando:

> "Ó Hétus, ó Lugh, poderosos,
> Mandai até mim os amorosos;
> E, graças da pedra a magia,
> De seu convívio haja alegria.
>
> Que se ponha fim à soledade:
> E me seja feita a vontade!"

Será tocada a campainha de prata do altar, para que se invoquem os espíritos benfazejos e demais entidades amigas.

Acompanha-se esta manobra do toque de ligação com a terra, em homenagem aos gnomos, elementais de grande poder, o que se faz com a varinha de condão.

Resta agora extinguir a chama da vela, o que se faz num gesto decidido e rápido, com a ponta da espada. O escrínio, com o coração de cera e a pedra mágica, fica posto no altar.

Ali estará até que a feiticeira obtenha os resultados de seu feitiço, o que não tardará, por certo. Com efeito, muitos lhe farão a corte em breve, e ela escolherá somente o terceiro.

Segundo a tradição erse, o primeiro seria falso e infiel. O segundo, pretensioso, vadio e inconstante. O terceiro, contudo, é de disposição suave, inclinações românticas e dedicação extremada.

Temos considerado apenas os interesses femininos. Entretanto, os bruxos podem recorrer ao mesmo sortilégio, devendo operar, em tal caso, vestindo suas túnicas de linho, e, em vez de prata, usarão colher de ouro para medir a verbena.

Invocando a Hétus e Lugh, substituirão a palavra "poderosos" por "entidades poderosas". No verso seguinte, dirão "amorosas". Servir-se-ão de vela de cor laranja.

Tudo o que acima dissemos é bem conforme as ensinanças secretas e vetustas da região do Loch Lomond.

Quarto sortilégio dos magos da Escócia
(uma segunda cura para frigidez)

Se a mulher se entristece por sentir-se indiferente às delícias físicas do amor, tem consolo na magia. Muitas uniões são infelizes e nem a dama se emprenha, não raro, tanto pela infreqüência dos contatos sexuais, quanto por sua incapacidade de orgasmo.

Nesta segunda receita, que se baseia nos velhos cultos de fertilidade dos povos célticos, usam-se vários elementos naturais. Mas tal prática encontra símiles em muitas partes da Europa.

Um esclarecimento histórico dará as razões das aparentes coincidências. De fato, os celtas tiveram suas raízes na região do Cáucaso, como todos os demais povos ditos *arianos*. Estavam estabelecidos primitivamente na Criméia, estendendo-se à antiga Ásia Menor, no país conhecido outrora como Galácia, e São Paulo lhes dirigiu uma de suas epístolas mais edificantes. Outro ramo se espalhou pela atual Alemanha e Dinamarca; outros, ainda, chegaram ao Norte da Itália, Bélgica e França, Espanha e Portugal. Os *gauleses*, combatidos por Júlio César, eram celtas, e sua magia ficou famosa nos costumes *druídicos*.

Os celtas da Irlanda, Bretanha, Gales e Escócia, contudo, vieram da Península Ibérica e só eles conservaram, até hoje, através do processo de dialetação, a antiga língua, como testemunhado no galês ou galense, no gaélico (que se fala nos dialetos escoceses e irlandeses), no idioma, hoje quase extinto, da Cornualha, e em outros.

Assim se explica que nos bruxedos da Europa Central e França, bem como de Portugal e Espanha, se notem usos bem semelhantes aos atuais – que a tradição guardou – de Gales, Irlanda e Escócia.

Este, contra frieza sexual, é bem característico da persistência e similitude aludidas.

Tornemos, pois, à magia prática.

Principiemos pelos materiais de encantamento. São eles a verbena (camaradinha), cominho, gatária e óleo de erva-doce, a que se acrescenta uma vela de cera, das vermelhas, grossa como um punho de mulher.

Há necessidade, ainda, de sete fios de linha de seda, também vermelhos. Em Gales, onde é usual tal bruxedo, usam-se apenas três, sendo um cinzento, outro roxo e um vermelho apenas. Sugerimos, por coerência com o costume da Escócia, os sete rubros.

Somente as mulheres, isto é, as feiticeiras, praticam este rito, o qual é vedado aos homens, constituindo para eles mandinga ruim, que os prejudica em sua virilidade.

A oficiante faz duas figuras mágicas, uma feminina e outra masculina, que podem ser de cera, madeira de faia ou simplesmente recortada de papelão.

O trabalho ocorre com lua minguante, no terceiro dia da fase, às nove horas da noite, como, aliás, quase todos os encantamentos de regência lunar.

Como de costume, a feiticeira toma um banho, ungindo, desta vez, os cabelos, as axilas e a região pubiana, períneo e área coccigiana, com óleo fino de amêndoas.

Esta magia não se faz, todavia, para ela mesma, e sim para alguma amiga necessitada. Com efeito, uma feiticeira não pode ser fria, porquanto tão mesquinha condição lhe anularia toda a polaridade magnética e nenhuma de suas ações ocultas teria resultado positivo ou útil.

Posta, nua, no círculo mágico, invoca Arádia, acendendo-lhe duas velas brancas de cera, das de libra, em cerimônia rotineira.

Isto feito, convida a mulher favorecida pelo sortilégio a penetrar o círculo, o que esta faz sem o tocar, saltando-lhe dentro, onde se desnuda (até então estará vestida apenas com uma túnica ou outra peça simples).

A convidada, como se denomina a pessoa a receber as graças do bruxedo, terá tomado já seu banho, ungindo-se, pois, no círculo, o que poderá ser feito pelas mãos da própria feiticeira, para maior eficácia. A oficiante, além das regiões pilosas, ungirá os bicos dos seios e o umbigo da companheira, e a beijará nos olhos, na testa (glabela), na garganta e nos lábios, bem como em ambas as mãos, na área dorsal, passo mágico que se chama de *ósculo séptuplo*. Com isto, lhe transmitirá parte da imantação acumulada em si mesma, após a invocação à deusa Arádia.

O passo seguinte consiste em amarrar as mãos da convidada para trás, com uma corda de seda, que tenha sido consagrada.

Preparada assim para os ritos, a favorecida se põe de joelhos, com os olhos fechados, atitude que assumirá durante toda a cerimônia.

Ato contínuo, a feiticeira usará a ponta do punhal encantado, que sempre fica no altar, ferindo seu polegar esquerdo. Pingará três gotas de sangue sobre as virilhas da imagem de mulher, friccionando depois o corpo todo.

Depois picará o dedo da convidada no mesmo ponto, e recolherá o sangue num cálice de cristal, com água consagrada, depondo o líquido na ara, do lado esquerdo, para o que for conveniente.

Nos genitais da figura masculina, contudo, a feiticeira friccionará cominho. A seguir, verbena nos seios da boneca ou imagem de mulher.

Tomará, então, o cálice e aspergirá de seu conteúdo em quatro áreas do círculo mágico, a saber: o norte, o sul, o leste e o oeste. Operará desde o centro, sem favorecer qualquer um desses pontos cardeais com sua maior proximidade, a fim de não dispersar a imantação.

Ao que restar no cálice, adicionará a essência de gatária, recolhendo-se o cálice de volta ao altar, no mesmo lugar de antes.

Prosseguindo na obra, a oficiante une as figuras, acasalando-as no centro da ara, mas antes envolve a boneca nos oito fios de seda vermelha, comprimindo-lhe, especialmente, a cintura. Cada fio se liga com um nó bem tenso. O último dos fios é que serve para acoplar o casal de simulacros.

O boneco representa as forças viris, positivas, ativas, masculinas. A boneca, as femininas, negativas, passivas.

Resta aquecer o óleo de erva-doce, junto com as demais especiarias, inclusive o material que ficara no cálice, operação que se realiza à chama da vela vermelha, num recipiente de cobre.

A mistura, depois de quente, é colocada no meio do altar, e a feiticeira a toca com sua varinha de condão, antes que esfrie, e manda erguer-se a convidada.

A mulher frígida que vai ser curada de seu mal continua de olhos fechados e tem de levantar-se sem apoio. É então tocada na testa, no queixo, garganta, seios, umbigo, nádegas e púbis, com a varinha de condão.

Enquanto a tange, imantando-lhe o corpo, diz-lhe a feiticeira, em voz ritmada, como se cantando:

> "Ó Keridwen, que fertilizas a terra;
> Tu que dás frutos em abundância,
> a poder dos sexos, que em ti se encerra,
> Livra agora fulana de sua ânsia!
>
> Brigit, ó Brigit, que tens do fogo o calor,
> a peito de fulana inflama com muito grande ardor.
> Que suas entranhas, úmidas, se movam, frementes,
> E nelas se unam, de fêmea e macho as sementes."

A esta altura, a feiticeira pega a espada ou *athame* e toca as nádegas da convidada com o largo da lâmina, três vezes de cada lado, depondo imediatamente a arma no altar.

Vira-se de frente para a amiga, abraçando-a e beijando-a na testa e nos lábios, bem como na nuca, como se fosse possuí-la, encostando, até mesmo, púbis contra púbis.

Atira-a depois ao solo, dentro do círculo, e, com o punhal mágico, corta-lhe o cordel que lhe atava os punhos e manda que abra os olhos.

Após tanto, a feiticeira toma, de um sorvo, o que restara no cálice, e flagela, de leve, simbolicamente, o dorso e as coxas da convidada, com a varinha de condão.

Enquanto isso, ambas cantam:

> "Ó frieza de meu corpo, vai-te embora!
> Cessem, da tristeza, meus gemidos nesta hora.
> Que minhas carnes se consumam no desejo,
> E alcance eu, sem receios, quanto almejo,
> Saciando-me de amores, e sem pejo,
> Dando-me, doravante, com vontade,
> Já que é cessada a frialdade."

A feiticeira despede a amiga, beijando-a nos ombros, e ela se veste e sai do círculo mágico.

A maga toca a terra com a vara quatro vezes, prosterna-se e queima as figuras na chama da vela vermelha, lançando as cinzas sobre a cabeça da companheira e atirando-lhe uma parte no púbis e nas costas.

Depois, ordena que a convidada pule para dentro do círculo e rasga-lhe a roupa, dizendo:

"Está rasgado o véu de tuas inibições. És forte e capaz de gozar as delícias do amor. Em nome de Arádia, em nome de Brigit, pelos poderes que me foram concedidos, neste momento eu te abençôo! Estás livre de todos os teus males. Busca, tranqüila e serena, teu homem, e que sejas feliz. E assim eu te despeço, e Keridwen, a deusa da fertilidade, a partir deste momento te acompanhe."

A mulher assim encantada não deve tomar banho durante três dias, nos quais comerá mel e tomará vinho, além de sua dieta comum.

Ao sétimo dia, porém, fará por copular com o homem de seus desejos, certa de que lhe virá orgasmo.

Não poderá revelar, jamais, a ninguém o que fez, e todos os anos, na data de seu encantamento, oferecerá a Keridwen, a Arádia e a Brigit, às nove horas da noite, um ramalhete de rosas brancas e vermelhas, com verbena e gatária, além de um pote de argila branca, com trigo e cevada. Isto ocorrerá numa clareira, num local secreto.

Este é o quarto mistério e sortilégio da tradição escocesa.

Quinto sortilégio dos magos da Escócia
(para moderar o ímpeto de esposas e amantes)

Os excessos amorosos podem ser prejudiciais à saúde, tanto quanto a própria abstinência sexual. A moderação é o conselho salutar, não devendo ninguém abusar de sua força e capacidade. É claro que isto só se aplica aos homens, pois que as mulheres, sempre superiores nas artes de Vênus, não terão nunca semelhantes cuidados nem preocupações.

Outrossim, um bruxo, ou varão comum (que se chama de profano, entre os iniciados), poderá ser assediado por certa mulher, com quem não simpatiza, ou cujas relações e carinhos não lhe interessem.

Dizer, sem rebuços, que suas forças se exaurem com a freqüência dos coitos ou confessar às importunas que são indesejáveis, é deselegante e vexatório.

Como poderá, então, o homem moderar-se ou livrar-se de quem não queira? Há para tais casos uma receita de extrema eficácia, da tradição da área do Loch Lomond.

Evidentemente, trata-se de uma adaptação céltica de bruxedo alienígena, misto de ritos fenícios, gregos e egípcios, do que se depreende das invocações, bem como das imprecações que o caracterizam.

A prática ocorre na fase da lua minguante, sendo a hora a meia-noite, e não as nove, como de hábito.

Entre os materiais necessários, contam-se: uma vela cinza, do calibre de uma polegada e duas linhas, e que seja de muito boa cera e arda bem; dois dentes de cravo; um pau de canela; três folhas de louro; dois dentes de alho e uma cebola crua, pequena.

Será ainda indispensável uma relíquia da amante ou esposa, e, no caso de importuna, uma desta última. De preferência uma calcinha que não tenha sido lavada. Quando difícil, servem fios de cabelo de qualquer parte do corpo. Não se sabe de mulher alguma que haja recusado seus cabelos, quando pedidos por lembrança, por quem a ame ou seja por ela amado.

O mago, quando veterano, não precisará deste encantamento, pois suas forças perduram por próprio efeito de magia de renovação da virilidade. Em geral, por conseguinte, isto se faz pelos novatos, ou a bem de amigos que precisem.

A presença do amigo não é necessária, porquanto ao contrário das mulheres, que se magnetizam quando juntas no círculo mágico (a feiticeira e sua companheira), os homens confundem e prejudicam os feiticeiros, anulando-lhes a imantação, tanto mais que, nestas circunstâncias, mostram-se impacientes, desanimados ou nervosos.

O mago inicia os trabalhos com a seguinte imprecação, estando vestido com sua túnica branca de linho e usando um torque (colar de cobre retorcido, à maneira dos druidas):

"Ó *Djecef! Ó Astrobolímedes! Ó Nogarratos!* Por *Asmodênidos!* Por *Racóvides!* Por *Bermótides! Astroanatos! Sonangatos!* Ó poderosas entidades que presidis nas trevas e mandais as sombras, no silêncio terrífico das noites!

Faço-vos tal conjuro, ó dominadores da incontinência, senhores da luxúria, a fim de que, por Lilite, a fada entre as corujas soturnas, afasteis da aura de fulano de tal todas essas mulheres persistentes e importunas, essas insaciáveis, barregãs dos faunos, comborças de Baal e de Belia!.

Pelos olhos vívidos de Hórus, o falcão sagrado, cujas pupilas desafiam o sol, e por *Phoibos* (Febo) e Apoio, Hélios, Hélia, Hélie; pelos três cavalos de fogo, e pelo quarto, Flégon, dos pavores da desobediência e pretensão do ardoroso Faetonte, eu vos peço, por fulano de tal, conjurando-vos a pôr termo à ação nefanda dos demônios súcubos que seguem a coorte das mulheres que se comprazem na luxúria. Eis que eles estão nelas para se possuírem dos homens, na calada da noite, no silêncio das alcovas, nas encruzilhadas dos caminhos, onde se prostituem, gênios do mal disfarçados, aos viajantes que se perdem em seus passos, em sua perplexidade danífica!

Por *Hamêmbi* e *Hassêmbi. Acebiuatos! Hakhêmbi! Homembéhi!*

Libertai a esse desgraçado fulano de tal do poder das que o assediam, da luxúria infrene, dos estertores das vulvas insaciáveis.

Se isto não for possível, que ele seja viril, que seja potente, que seja capaz, que seja forte. Melhor, porém, será que se lhes arrefeça o fogo das vis entranhas, moderando-se-lhes o ardor de seus amores incontroláveis. Que assim seja."

Estas invocações e imprecações não bastarão, porém, embora atenuem a intensidade amorosa das mulheres. O feitiço se repetirá, portanto, sete noites, sempre à mesma hora.

Na sétima noite, o mago fará da vela cinzenta uma boneca, cujos lábios pintará de vermelho, com tinta comum, e pôr-lhe-á um selo, com os cravos, na região da vulva, dizendo:

"Agora estão selados os teus encantos e fechada a tua fonte de desejos. Teus ardores já não são! Por algum tempo estarás serena e moderada. Não perseguirás fulano de tal, nem lhe externarás teus maliciosos desejos."

A imagem será envolta na relíquia, a qual, por seu turno, se revestirá com uma folha de pergaminho virgem.

Nesta se escreverá, com suco de cebola e alho, do material reservado ao bruxedo, o nome secreto do oficiante, traçando-se embaixo dois triângulos, dois círculos atravessados por setas, um sol e uma lua, um olho e duas penas de pavão. Isto ficará encerrado num quadrângulo.

As folhas de louro são queimadas, defumando-se com elas o invólucro obtido.

Como o caldo de cebola e alho constitui uma das chamadas tintas simpáticas ou secretas, ao calor das chamas o que se desenhou surgirá nítido, em cor negra e viva.

De madrugada, o bruxo irá a um local ermo, onde enterrará o terrível envoltório, quebrando sobre ele o pau de canela. Dirá então:

"Pelas potências sinistras das sombras da noite e pelos clarões da madrugada, eu te libero, eu te livro, eu te liberto do assédio das filhas de Lilite, das que se inflamam na luxúria! Estás liberto de todo mal, ó fulano; liberto, pois, já estás."

Sem olhar para trás, o feiticeiro sairá correndo, tornando a casa, onde tomará um banho e jejuará até o meio-dia.

À meia-noite, dentro do círculo mágico, acenderá duas velas simples, de cera, das de libra, invocando a deusa Isis, quando exclamará:

"Doravante, que outro corpo alimente a luxúria das que assediam fulano!"

Entretanto, o tal homem a quem se favoreceu observará continência carnal e castidade por sete dias.

Estando novamente com mulher, sentir-se-á forte e viril, plenamente refeito. E nunca mais temerá a quem não deseje.

Os bruxos devem evitar, por seu prestígio, este tipo de magia, que depõe contra sua dignidade. As feiticeiras desprezam aqueles que a praticam, pois seu ato constitui traição da parte dos que se iniciaram com elas.

ESQUEMA DO CÍRCULO MÁGICO

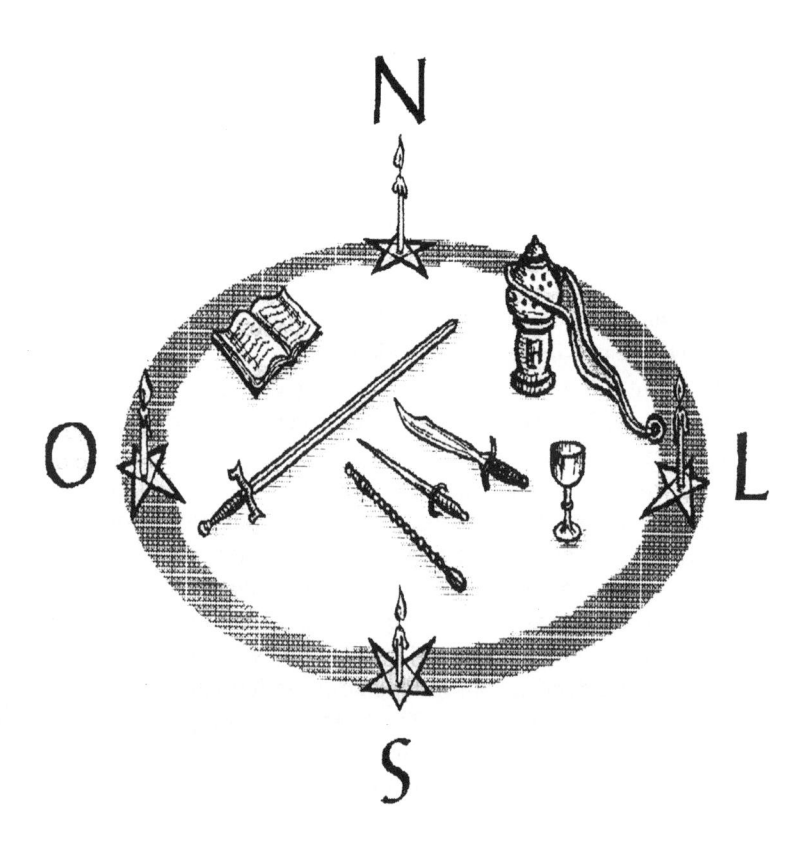

A vela do norte figura as forças do arcanjo Ariel (Leão de Deus), que tem a potência da Terra e manda sobre os gnomos; a do sul. Rafael. que domina o Ar e os silfos e sílfides: a do leste, o supremo e potentíssimo Miguel, que traz a balança e a espada flamejante, de dois gumes, dominando o Fogo e as salamandras; a do oeste, do meigo arcanjo Gabriel, que tudo abranda e preside ao amor espiritual, tendo domínio sobre as ondinas. À esquerda, fica o *Livro das Sombras*, junto da espada mágica. Ao centro, a vara de condão, um punhal de sacrifícios simbólicos rituais e o athame. À direita, a copa sagrada, com água lustral e o turíbulo ou incensório.

Sexto sortilégio dos magos da Escócia

(para tornar maior um grande amor)

As desilusões amorosas são uma das constantes desta vida incerta de todos nós, devido ao entrelaçamento cármico e às falhas do julgamento individual.

Quando nascemos – segundo os ensinamentos ocultos, nós próprios escolhemos datas e circunstâncias –, as influências dos astros e planetas determinam as realizações de nossas potencial idades genéticas e de ambiência. A esses impulsos físicos e cósmicos se contrapõe o nosso poderoso livre-arbítrio, e este é função da alma, atuante no meio material. Por vezes, assumimos o cumprimento de missões difíceis, talvez acima de nossas capacidades.

Se bem que as determinantes astrológicas sejam altamente ponderáveis no decurso de todas as vidas, a predestinação é fato duvidoso. Assim, a própria Igreja Católica Apostólica Romana, malgrado seus rigores – pelo menos outrora –, reconhecia essas influências, negando o fatalismo e roteiros previamente traçados no desenvolvimento da vida individual ou coletiva, esta última objeto da Astrologia Mundana. O célebre manual de caça às bruxas, o *Malleus Maleficarum*, assim como as doutrinas de Santo Agostinho, de São Jerônimo e do Venerável Beda, referem-se ao poder das estrelas e planetas, como indicadores de tendências, mas nenhum dos escritos católicos aceita que algo tenha de acontecer inevitavelmente por compulsão astrológica. É que temos, nós próprios, direito e poder de oposição a essas influências, guiando-nos da melhorforrna, segundo ditada pelo livre-arbítrio ou escolha individual. Daí a responsabilidade que temos por nossos atos, pensamentos e palavras. Por suas conseqüências nos condenamos ou salvamos, caso admitamos um só e decisivo ciclo de vida. Tal é conforme os ditames do Judaísmo e do Cristianismo.

Os ocultistas, no entanto, pensam diferente, por isso que se manifestam a favor das continuidades ou existências múltiplas e sucessivas, no desenvolvimento cármico. Chega-se mesmo a aceitar a possibilidade de vidas paralelas, tanto simultâneas como em cronologias normalmente incompatíveis: uma só alma que vive no presente, no passado e no futuro, com personalidades diferentes, o que acelera a evolução cármica.

A digressão precedente tem por fito indicar (não explicar) as razões das incoerências afetivas, constituindo base para raciocínio e meditação filosófica a tal respeito.

As penas de amor podem ser aliviadas por meio de bruxedos eficientes, proporcionando à alma um bem indizível. E se um amor já é, de si, bem firme, ou assim parece que seja, pode ele ser acrescentado e confirmado, para maior felicidade dos que se amam.

Sem embargo, pela doutrina cármica, é provável que não tenhamos direito a tamanha felicidade, e estaremos forçando as circunstâncias. Mais tarde, em novas vidas, isto poderá ser cobrado, sob forma de sofrimento. De fato, toda obra de feitiçaria exige um sacrifício, por se torcer o curso natural dos acontecimentos, embora se possa alegar que nosso livre-arbítrio é o móvel dessas alterações.

A Igreja comparou, na fase renascentista, o amor excessivo entre os cônjuges ao pecado do adultério. Seus argumentos não devem ser tomados em vão, visto coadunarem-se, em boa parte, com o pensamento ocultista.

Frisados, por conseguinte, os riscos decorrentes da magia amorosa, passemos à receita prática que é objeto deste sortilégio céltico.

Partimos, como habitualmente, dos materiais próprios ao nosso rito. Exige-se, em tal caso, verbena (camaradinha) e cardos silvestres, de cuja cocção e mistura se extrai um caldo.

Acrescentem-se gatária e verbena azul, além de óleo puro de oliva, sete colheres de mel puro (tirado do favo diretamente), um cristal cor-de-rosa e duas ametistas brutas.

A exemplo dos demais bruxedos de amor, a operação se realiza na fase da lua minguante. Este encantamento torna necessário, ainda, o uso de uma ampulheta.

Pode ser realizado por ocultistas de ambos os sexos, sendo notáveis seus efeitos quando se faz a dois, ou seja, um casal de bruxos ou iniciados que tenham reconhecido que seu amor é a continuação de união e afeto desde outras vidas.

Considerando-se, porém, que atue apenas uma feiticeira, sem o companheiro, essa começará por tomar seu banho habitual, ungindo os cabelos, bicos dos seios, umbigo e púbis com óleo de amêndoas e essência de almíscar.

Colocar-se-a nua dentro do círculo mágico, diante da ara, e trará no pescoço um colar de coral, com quarenta e oito peças perfeitas e das mais belas que encontrar.

Prosternada, invocará Keridwen, Brigit, Arádia e Cernunnos, acendendo a cada um uma vela de cor violeta. Pedirá sua força e auxílio, proteção e esclarecimento naquilo que seja melhor a si e a seu amado.

Juntará, depois, num almofariz de pedra, o qual servirá sempre e exclusivamente a usos mágicos, todo o material indicado, macerando-o bem e constituindo mistura densa. A pedra deverá ser de granito negro.

Durante a operação, cantará:

"Minha alma, minha alma por ti clama,
Sou feliz de querer a quem me ama.
Uma só vontade é tua e minha,
De teu coração sou a rainha,
Como do meu és tu o rei.
Mui feliz serás comigo,
E contigo eu o serei.
Serás meu eterno amigo,
E o amor a nossa lei."

Cumprida esta primeira parte do ritual, a feiticeira salta para fora do círculo mágico, deixando arderem as velas em seus castiçais, no altar.

Saindo do recinto dos bruxedos, irá deitar-se com seu esposo ou amante, que também estará nu. Acenderá ela, na alcova, um bastão de incenso e uma vela de cor laranja e outra vermelha, de cera.

Enquanto praticarem o ato venéreo, ela manterá encostada à cabeça de seu companheiro, junto à nuca, uma das ametistas, concentrando-se nessa união, como se fora ela durar eternamente. No momento, porém, do orgasmo, cerrará os olhos, esforçando-se para que ambos atinjam gozo simultâneo.

É comum os feiticeiros e as feiticeiras terem vislumbres do futuro ou visões interiores nesses momentos, os quais são aproveitados para intensificação de potencial mágico, justo no momento de troca das imantações, quando as auras respectivas se interpenetram e fundem.

Passado o ato supremo, ela, sem se lavar, mas conservando ainda dentro de si os fluxos do homem a quem ama, torna à câmara dos bruxedos.

O que ela traz na vagina, com efeito, representa o máximo das relíquias. Assim, pegará a outra ametista e a introduzirá no seu íntimo. A outra pedra, contudo, será posta no meio da ara, junto da ampulheta. Acenderá incenso, mirra e benjoim. A primeira destas especiarias torna propício o ambiente; a segunda afugenta as entidades malfazejas; a terceira atrai amor e simpatia; e é sabido, entre os ocultistas, que não existe nenhum trio de defumadores mais perfeito.

Bom será, sem dúvida, que a maga aspirja a ampulheta e a ametista junto desta com água consagrada, segundo a consagração dos bruxedos, semelhante à bênção eclesiástica, porém diversa em natureza, assim como no intento.

Invocará, após, em propiciação, os elementais das águas, do fogo, do ar e da terra. Depois cantará um cântico deste teor:

"Enquanto o pó dos tempos correr[10],
Não há de nosso amor perecer.
Unidos somos, na força e na vontade,
Doravante por toda a eternidade.
Para o bem e para o mal,
Até chegado o momento fatal
Da separação que vem da morte.
O que ficar há de ser forte,
Firmado que estará na esperança,
Guardando no coração a lembrança,
E na alma, agora, a certeza
De que nos juntou a natureza,
Em carne e corpo singulares,
Em alegrias, em pesares,
Na glória do uno sentimento
Consagrado em mágico momento.
É do amor nossa vitória,
E se despertará na memória,
De ambos nós em outra vida,
Quando a ti serei unida."

Esvaziada a ampulheta, a feiticeira unge aglabela (o ponto entre os olhos e um pouco acima), o colo, o lado esquerdo do peito, o umbigo, os braços e o púbis, com pequena quantidade da mistura

---
10. Alusão à areia, de grão em grão, que cai da ampulheta.

mágica preparada com o mel e outros ingredientes, tornando à alcova. Ali, pedirá ao amante que a beije em todos esses locais seletos, dizendo-lhe que se trata de uma brincadeira, embora em qualquer hipótese ele possa ficar desconfiado.

Na noite seguinte, às nove horas, a ampulheta será virada, mantendo-se a mulher em concentração, ajoelhada no círculo mágico, até que se escoe metade do conteúdo, tornando então ao quarto, para que seja possuída novamente. Trará as duas ametistas e oferecerá a ele aquela que guardara em seu íntimo. Pedir-lhe-á que a conserve bem e com carinho, pelo amor que lhe sente.

Durante mais cinco noites, e agora ao soar da meia-noite exata, repetirá os passos do ritual com referência aos defumadores, à ampulheta, às invocações e cânticos de união eterna. Dispensará a unção com a mistura mágica. Sua própria ametista, porém, será colocada na ara, atrás da ampulheta, onde permanecerá até que se encerre, ao sétimo rito, na sétima noitada, o ciclo destes bruxedos. Quando voltar da câmara secreta, para dormir com o amante, nada mais fará, senão concentrar-se no momento do orgasmo.

Nesta sétima noite, contudo, dará ao ao felizardo para beber uma poção feita de suco de limão, vinho branco e canela, adicionando sal e água consagrados no altar dos encantamentos.

Esta é a mais extraordinária (e arriscada) obra de bruxaria de toda a tradição escocesa da região do Loch Lomond.

Sétimo sortilégio dos magos da Escócia

(para conquista de corações ainda jovens)

É comum entre bruxos e feiticeiras, por meio de práticas mágicas que serão ainda ensinadas neste livro, aparentarem juventude, fixando sua aparência, geralmente, nos primores de sua plenitude, que ocorre entre os 30 e 35 anos. Para isto, faz-se mister que sua iniciação se dê antes dos 21 anos de idade. Entre os 21 e 30, guardam aparência de 40 anos. Daí por diante, seu melhor aspecto na idade que tiverem, entre os 45 e 50.

A idade máxima de iniciação é aos 45 anos. Passada esta fase, dificilmente será possível obter força nos encantamentos, e os magos envelhecerão como qualquer profano, a menos que realizem sacrifícios de sangue, com pesado ônus cármico.

A linha satanista, entretanto, permite reversão da aparência, mas é condenável, implicando compromisso de alma, e a punição não compensa qualquer das vantagens proporcionadas pela odiosa magia negra.

Os feiticeiros e feiticeiras que se iniciaram em sua juventude não encontram, no campo amoroso, qualquer obstáculo à conquista de corações jovens, pois seu aspecto é convincente, porque se mantêm nos primores da plenitude viril ou feminil.

Entretanto, os mais idosos, tal como as mais adiantadas em anos, poderão apaixonar-se por pessoas bem mais novas, que as repilam. É para estas a receita.

Sua aparência, é claro, não mudará, porém conseguirão insinuar-se, com influência bastante para lograr seus fins românticos.

A relíquia, única e exclusiva do alvo visado, ou seja, a pessoa jovem, tem de ser uma generosa gota de sangue, que se obtém de várias maneiras. Em caso de feiticeira, terá de picar o polegar direito do moço, com um alfinete de prata passado na chama de uma vela vermelha, consagrada diante da ara, numa meia-noite de plenilúnio. O bruxo, todavia, em relação à jovem, oferecer-lhe-á uma rosa vermelha, esforçando-se por ferir o dedo da criatura amada, e isto ocorrerá num domingo, antes do pôr-do-sol, e também quando for a fase de plenilúnio. Os meses de abril e maio são os mais propícios e recomendáveis.

O jovem ou a jovem a conquistar recebe o nome mágico de "fruto proibido".

Será necessário ainda o selo-de-salomão, que é um rizoma bastante conhecido (*Polygonatum vulgare*) da família das Liliáceas.

É necessária a medula de um osso de vitela, sendo de animal macho para uso das feiticeiras e fêmea para uso dos bruxos.

Uma fruta qualquer, apresentada em geminação, ou com filipe, além de sete pétalas de lírio e sete espinhos de roseira silvestre completam os ingredientes do bruxedo.

Espera-se que se inicie a minguante, para evolução da prática secreta. Às primeiras badaladas da meia-noite, a feiticeira tomará seu banho ritual, ungindo-se com óleo de amêndoas, na glabela, no pescoço, nos mamilos, no umbigo e no púbis, prosternando-se, inteiramente nua, diante da ara, onde arderão duas velas azuis, de cera, das de libra.

Invocará Brigit e Keridwen, suplicando-lhe os favores, pois as forças indispensáveis a esta operação mágica hão de ser das mais poderosas.

Isto posto, utilizando o caldeirão de cobre, colocado no braseiro de carvão de lenha, preparará uma pasta compacta, com todos os materiais indicados, triturando-os anteriormente num alrnofariz também de cobre, dos disponíveis aos encantamentos.

As pétalas e os espinhos, assim como o tutano, são servidos primeiro, quando se cantará:

> "Cá a medula e lá a flor,
> Para união e nosso amor.
> Keridwen conceda o fruto proibido,
> Por amor a mim unido.
> Pelo calor desta matriz (*toca em sua vulva*)
> Frutifica-se a raiz (*toca no selo-de-salomão*).
> Só dos deuses vem a graça,
> O que peço, assim se faça."

Junta-se após o canto a gota de sangue, preservada em água consagrada, num frasco de cristal azul, quando, então, diz a maga:

> "Mal se passem duas luas, terás parte
> No meu coração e meus amores,
> Por virtude desta arte,
> Por virtude destas flores.
> Sangue antigo e sangue jovem
> A força do bruxedo comprovem.
> Invoco teu nome (fulano), nesta hora.
> O feliz efeito não demora."

A feiticeira, após este passo do encantamento, toca o solo, dentro do círculo mágico, sete vezes, com a ponta da espada e a repõe à esquerda do altar, retirando-se da câmara secreta, sem olhar para trás.

À meia-noite seguinte, depois de banhar-se e ungir-se, segundo já foi dito, e nua, salta para dentro do círculo mágico e toca a fronte e a vulva com o produto da cocção dos materiais desta receita, invocando a Keridwen e Brigit, cantando depois:

> "À luz da lua e à meia-noite,
> Fulano, de meu amor, sente o açoite;
> Que te doa pra valer,
> Até que meu venhas a ser."

Saindo do círculo, a maga, diante da janela aberta, fixa os olhos na Lua, com os braços estendidos e os dedos das mãos espalmados, respirando profundamente o ar noturno. Depois, ajoelhada, de olhos cerrados e abraçando os joelhos, repete cinco vezes a invocação acima.

Ergue-se de um salto, retira do altar a vara de condão e fere o solo, com ela, sete vezes, violentamente. Recolhe o instrumento mágico à ara e retira-se para dormir, ainda despida.

Sonhará com a pessoa amada e com as deusas que invocou. Por seus aspectos saberá se o bruxedo está sendo favorecido.

Na terceira noite, contudo, após o banho, despejará água de violetas e verbena (camaradinha) sobre a cabeça e os ombros, indo à câmara, onde se ungirá como da vez anterior.

Certas feiticeiras, como as inglesas e as da Ilha de Mann, por exemplo, costumam ungir-se nos seguintes pontos do corpo, ditos cardeais: a fronte, a nuca, as nádegas, os mamilos, os cotovelos (pela parte interna), o clitóris, os joelhos (na parte traseira), as solas dos pés. Isto fica, porém, ao critério das leitoras.

Acenderá, então, uma vela de cor laranja e outra vermelha, reforçando seus pedidos às deusas e retirando-se para dormir.

Na manhã seguinte, procurará encontrar-se com a pessoa amada, que cederá a seus encantos e encantamentos.

No caso de bruxo interessado em mulher muito mais jovem do que ele, o ritual é o mesmo, adaptando-se os cânticos, onde for necessário.

Oitavo sortilégio dos magos da Escócia
(para conquista e preservação da beleza feminina)

Não há qualquer virtude feminina que redima a ausência de formosura: nem inteligência, nem simpatia, nem bondade de coração ou qualquer outro predicado, eis que na beleza está a força máxima de atração das mulheres, e isto é geralmente sabido, para sofrimento de muitas. Daí o afã constante que todas põem a bem de seu melhor aspecto e sedutora aparência, para se sagrarem vitoriosas na disputa dos favores masculinos. Negar isto é ridículo; e sustentar o contrário, hipocrisia.

É com muita satisfação que oferecemos às feiticeiras em perspectiva, que nos fizerem a honra de ler estas linhas, a receita de sua felicidade.

Os materiais se constituem de meio cálice de suco de camaradinha (verbena, uma das flores favoritas da deusa Vênus); um espelho portátil (dos de cabo, sendo também tal objeto de consagração à mesma dileta divindade); erva-santa (*Bacharis ochracea*), que é uma planta da família das Compostas, muito usada em feitiçarias, e eufrásia (*Euphrasia officinalis*).

Além disso, um pote de argila, pequeno, virgem, com a respectiva tampa, e um retalho de veludo vermelho, com que se envolve o espelho.

Se a mulher, porventura, ainda for virgem, só poderá realizar o trabalho mágico com lua minguante. Em caso contrário, plenilúnio. Se estiver grávida, apenas exercerá tal prática noventa dias após o parto.

Tanto para donzelas como para mulheres experimentadas, será melhor que se achem menstruadas na ocasião, o que dará grande força ao bruxedo.

Usando o cálice de cristal do altar, consagrado ritualmente, a feiticeira preparará nele as espécies vegetais. A mistura será feita com a ponta da espada mágica.

Operando, cantará esta canção que lhe exalte a formosura:

> 'Volta, volta, ó Sulamita,
> A me dar do teu carinho,
> Que teus beijos trazem dita,
> E mais doces são que o vinho.

> Veja o quão sou formosa,
> Tu que és meu, quanto sou tua,
> Sou mais bela que uma rosa,
> Esplendente como a Lua."

Estas palavras são adaptadas do *Cântico dos Cânticos* de Salomão, da Bíblia (Velho Testamento), havendo diversas melodias judaicas que lhe são próprias. Se a feiticeira não conhecer nenhuma, adotará um ritmo de seu gosto. O importante é que ponha toda a sua alma e sinceridade no canto, que será lento e bem compassado.

O passo seguinte consiste em untar a face do espelho com a poção mágica obtida, mas a operação se fará com cautela, de modo a que não se reflita ali o rosto da feiticeira.

Concentrando-se detidamente, a feiticeira transfere depois ao espelho a imagem mental, que invocará, de Vênus, a deusa do amor e da beleza, ou outra divindade, ou mesmo certa mulher a quem admira e cuja semelhança desejaria ter.

Pode, outrossim, criar para si uma imagem peculiar, com os traços de sua melhor imaginação e bom gosto.

Na concentração, esforçar-se-à por transmitir à superfície brilhante essa imagem ideal, como uma fotografia.

Sem olhar o espelho, envolvê-to-á na peça de veludo vermelho, deixando-o no altar.

Vestir-se-à então, indo junto a um lago, rio ou outras águas tranqüilas, sobre cuja superfície se reflita a luz das estrelas da noite.

Despindo-se, entretanto, junto das águas, verá refletida nelas sua imagem plena, mormente o rosto, e nesse preciso momento, lançará o espelho nas ondas, mansamente, de tal forma que perturbem somente um pouco sua própria imagem ali refletida.

Dirá neste ensejo:

> "Afrodite, nascida do mar,
> Me possa teu poder transfigurar.
> Que meus seios sejam redondos quais os teus;
> Teus cabelos, nariz, queixo, olhos, sejam meus,
> Minha a tua boca e cútis fina,
> E minha tua esbeltez de menina.
> Que seja eu a ti tão semelhante,
> Que a todos extasie ou encante.
> Ao contemplarem minhas formas,
> As outras mulheres ditem normas.
> Seja quem for que eu despose,
> Em beleza eterna eu goze,
> E de formosura desfrute;
> O feio em mim se transmute,
> Com tua força e poder,
> Por da Arte[11] me valer.

---

11. Arte mágica ou bruxaria.

A tua divina aparência
Passe agora à minha essência.
Esteja eu vestida ou nua,
Seja vista em forma tua,
Que o dom que tu me dás
É um bem de amor, como te apraz."

A seguir, a feiticeira dançará em sinal de agradecimento e júbilo, pois que Afrodite (Vênus) é também a deusa do canto e das danças.

Sete dias depois, no entanto, lançará às águas uma oferenda de rosas brancas e vermelhas, a essa mesma gloriosa e querida divindade.

Esta tradição mágica é de origem grega, sendo usada pelas antigas e famosas heteras de Atenas, e foi introduzida nas Ilhas Britânicas pelos romanos.

Nono sortilégio dos magos da Escócia

(para preservação da juventude)

Um dos grandes sonhos da humanidade é a preservação da juventude e do vigor físico em geral.

A ciência, em sua fase ortodoxa, nada alcançou de positivo nesse setor, apesar de uns tantos resultados animadores, e os estudos e as pesquisas continuam, com acrescentadas esperanças.

Em todos os tempos, contudo, o Ocultismo conheceu métodos e sistemas eficientes, celebrizando-se, entre outros, os empregados pelo célebre Conde de Saint Germain, e um de seus maiores segredos era a idade, disfarçada por uma aparência inalteravelmente jovem. São também conhecidas as lendas das ciganas romenas e húngaras, bem como de certas partes da Boêmia e da Morávia, que, aparentemente, não envelhecem nunca.

De nosso convívio pessoal e íntimo com os gitanos, cuja magia estudamos e tivemos ensejo de praticar em outros tempos, aprendemos segredos e receitas relacionados à longevidade e preservação da juventude.

Alguns de seus sistemas se assemelham aos célticos, não se sabendo até que ponto uns ensinaram aos outros. Exporemos o bruxedo mais popular entre as feiticeiras escocesas.

Evitaremos falar dos métodos de magia negra, dos compactuados com forças satânicas e do baixo astral. Eis que todos eles implicam "compromisso de alma", como se costuma dizer entre os iniciados, tanto mais que exigem sacrifícios cruentos, em que se absorve a vitalidade alheia, qual no vampirismo temível.

No presente caso, todavia, funcionam as virtudes naturais das espécies utilizadas e os favores dos deuses da tradição céltica.

Os ingredientes mágicos são a indefectível verbena ou camaradinha, um coração de pombo e seu sangue (que se encomenda, no comércio próprio), um fragmento de madeira petrificada (dendrolite) – o qual pode ser substituído por rocha fóssil. Finalmente, a relíquia, caso a feiticeira, ou bruxo, agindo com generosidade, queira fazer um favor a pessoa amiga.

O ato geralmente é realizado ao ar livre, num bosque, junto a um lago ou regato, mas nada impede que a cerimônia seja na câmara secreta.

É essencial que haja luar, no plenilúnio, e, se em recinto fechado, o ritual se oficia com as janelas abertas.

Entre os preparativos se incluem o banho preliminar e o uso de ungüento, que é qualquer óleo perfumado, que se passa em todo o corpo, sem esquecer os cabelos.

A feiticeira, penetrando o círculo mágico, faz suas invocações a Grannos, que rege as fontes; a Lugh, que tem o domínio da luz; a Sul, que preside sobre os mananciais de água quente; ao grande Cernunnos e a Arádia.

Acende depois duas velas azuis, que asseguram proteção, bem como duas verdes, que propiciam saúde física e mental.

Usando o cálice que sempre fica na ara, com água consagrada ritualmente, a maga adiciona ao líquido uma pitada de sal de encantamentos, juntando a seguir a verbena, isto é, o respectivo suco, na quantidade de duas colheres de chá (o material é prata).

Misturando bem o conteúdo do cálice, asperge o fragmento de dendrolite ou pedra fossilizada, que é exposta, então, aos fumos do incenso e aquecida na chama das velas. Agora, é o objeto, assim tratado, posto no centro da ara.

Prosseguindo na cerrrnorua, a feiticeira pega o coração da pomba entre o polegar e o indicador da mão direita – gesto com que lhe dá imantação das forças de Vênus e de Júpiter, pois a pomba é ave consagrada a essa deusa dileta, e o coração é órgão sob guarda e proteção desse deus excelentíssimo, que rege a plenitude da vida –, e o coloca no cálice, depondo-o, no ato subseqüente, sobre o fragmento de madeira fossilizada ou pedra fóssil.

Estabeleceu-se, até aqui, conexão entre o passado remoto, o sangue e a vida, sacrificada esta simbolicamente.

A feiticeira entoa um cântico de magia de imantação, deste teor:

"Ó deuses e deusas, com poderes de encantar
Com arte de magia, em sublime encantação,
Vinde nos raios do luar,
Com vossa mística avivar
As forças do coração.
Por vosso trabalho e pena,
Eu vos ofereço esta verbena."

Completando o sacrifício simbólico, ao término da última estrofe, a maga trespassa o coração da pomba sobre a pedra, com a espada (*athame*), ajoelhando-se no meio do círculo, acendendo, então, na ara uma vela de cera de cor negra, e que seja mais alta que as verdes e azuis.

O toque com a espada tem de ser tal que o sangue e a água do coração escorram, molhando inteiramente a pedra (ou fragmento de madeira fossilizada).

Fluído o líquido, ela pega o coração e o atira longe, acima da cabeça, de forma que venha a cair fora do círculo.

Toma depois a pedra com a mão direita, ergue-se num salto, e apresenta essa oferenda mágica à Lua, dizendo-lhe:

"Outra, por obra de feitiçaria,
Alcançou o que queria.
Por forças do coração
E virtude das ervas,
Nesta propiciação,
A mocidade preservas.
Tens agora um talismã:
Da primavera és irmã."

A pedra (ou fragmento de madeira petrificada) constitui esse talismã, com o qual a feiticeira toca *as zonas místicas de seu corpo*, a saber: a fronte, a nuca, as duas polpas das nádegas, os mamilos, a parte interna dos cotovelos, a vulva, a parte traseira dos joelhos e as solas dos pés. O toque na fronte protege os cabelos também, para que não se tornem brancos jamais.

Entretanto, alguns fios dos que cobrem as orelhas encanecerão com o tempo. As feiticeiras pintam essa parte, ou cortam os fios. Os bruxos, quando desconfiam da juventude de certas mulheres, costumam examiná-las discretamente, a ver o sinal da idade nesses pontos vulneráveis.

A operação mágica termina com a extinção das velas, o que se faz com a ponta do *athame*.

O talismã obtido, contudo, é lançado de madrugada em água corrente, de preferência junto de uma cachoeira, e é sabido que o Loch Lomond está cheio dessas pedras lançadas pelas magas.

O encantamento dura por toda a vida, mantendo-se a aparência jovem, o vigor físico e a lucidez do espírito.

Após uns 15 ou 20 anos, todavia, é bom que a feiticeira se mude para um local distante, onde não conheça ninguém. Deve, sobretudo, evitar contato com os parentes, o que é uma das melhores regras de bruxaria. É claro que alguém estranharia uma pessoa que, no decurso de 30 ou 40 anos, mantivesse sua aparência inalterada.

Entretanto, com respeito ao encantamento que um bruxo ou uma bruxa faz para pessoa de sua amizade, tudo ocorre de conformidade com o rito ensinado, mas, em vez de tocar com o talismã o próprio corpo, o oficiante imanta os pontos místicos da criatura convidada.

A propósito, o bruxo opera vestido com sua túnica cerimonial de linho branco, e atua a favor de amiga, de preferência alguma com quem tenha intimidade sexual, o que acrescenta as virtudes do encantamento, por dar-lhe de sua vitalidade direta.

Uma feiticeira pode utilizar o ritual para pessoas de ambos os sexos, mas terá interesse amoroso se agir em prol de um homem.

A força máxima de eficácia desta magia se obtém, contudo, quando um casal de feiticeiros, após o sortilégio de amor eterno (o sexto da série escocesa), decide preservar a juventude, em idílio místico.

Recomenda-se, nestas circunstâncias, o casamento, segundo os rituais do círculo a que pertençam, e no qual foram iniciados, cuja descrição apresentaremos em outra parte deste livro.

E com este nono e último dos bruxedos tradicionais dos magos da Escócia, se encerra a parte da obra relativa a várias sortes de encantamentos célticos, que se referem todos ao amor, à juventude e à beleza.

Cerimônia matrimonial entre bruxos

Todo rito matrimonial de cunho religioso comporta aspectos mágicos ou simbologia secreta. O próprio anel de casamento, ou aliança, é uma espécie de talismã, que não une apenas o casal, mas resguarda-o, tanto quanto possível, dos infortúnios e desentendimentos. A aliança invertida, ou seja, com o nome do cônjuge para baixo, é considerada como proporcionando, ao que a traz, domínio sobre o que fica com o elo esponsalício em posição normal. Mas, se ambos assim procedem, há conflitos e rixas constantes, que podem conduzir, até mesmo, à dissolução do vínculo.

A tradição céltica se caracteriza por um tipo de casamento conhecido como *pacto das mãos*, ou compromisso manual, o que coincide com certos usos ciganos. Aliás, há mais de um ponto de identidade com os boêmios, no ritual céltico.

A propósito, o contrato civil, em cartório, pode ser dispensado, a menos que os bruxos, por motivos práticos, o exijam. Ademais, as igrejas não os casam, nem eles aceitariam o fato, por contraditório e sacrílego, tanto mais que o Catolicismo, o Protestantismo e muitas outras religiões, monoteístas ou não, são deles inimigas naturais, além do que as duas primeiras perseguiam e assassinavam, em idos tempos terríveis, os *filhos da Natureza*.

O pacto matrimonial dos feiticeiros, portanto, é válido em todos os círculos de bruxaria, podendo, contudo, ser rompido por acordo mútuo das partes. Decorrido um ano de sua vigência, se não houver separação nem denúncia, que pode ser unilateral ou bilateral, perante o círculo em que ocorreu a cerimônia, a união prossegue em caráter constante.

Entretanto, ditas uniões não podem realizar-se impensada ou insensatamente. Na escolha de seus pares, os bruxos e feiticeiras se fundamentam em sua intuição, propensões espirituais e irresistível simpatia, mesmo quando se recorreu a encantamentos para despertar o amor.

Há, outrossim, como básico, o conceito dos pares reencarnados, que se reencontram e se reúnem em outra ou outras vidas. Isto se manifesta em visões, portentos, avisos e sob outras e variadíssimas formas. As manifestações cármicas são muito mais incisivas entre os membros da Lei da Natureza e adeptos daArte Mágica, do que com respeito aos profanos. É que os poderes determinam essas atrações e aproximações.

O rito é o mais alegre de todos os que se praticam entre os magos, conforme se descreverá.

Geralmente, a cerimônia é externa, ao ar livre, em noite de plenilúnio. Escolhe-se uma clareira num bosque ou floresta, junto a um regato, em local que pareça dos mais aprazíveis. O elemento líquido (a *água*), o *ar*, a *terra* e o *fogo* estão todos presentes no ensejo.

O círculo é formado de flores de cores vívidas, e os próprios nubentes trazem também ramalhetes ou braçadas de rosas, violetas, mirto e outros gêneros de homenagem à deusa dos amores.

O sumo sacerdote e a suma sacerdotisa presidem o grupo, comparecendo, exclusivamente, os que são de um mesmo círculo, e nele iniciados.

Os noivos comparecem nus, recobertos apenas de túnicas de linho, com elegância simples e sem luxo.

Os membros do círculo que lhes sejam mais afins os conduzem até diante da ara, onde se ajoelham, ficando o noivo à direita.

O rito principia com a invocação de Arádia e Keridwen pelo sumo sacerdote. Este pede que aqueles que se vão casar encontrem proteção contra todo mal, e sejam felizes, vivendo em harmonia, compreensão e real amor.

Isto feito, levantam-se, sendo desnudados e ungidos com óleo fino e oloroso, vinho e os beijos tradicionais, nos treze pontos fundamentais do corpo. Quanto a estes procederes, o sumo sacerdote tem a seu encargo a noiva, e a suma sacerdotisa o noivo, mantendo-se os rigores das polaridades masculinas e femininas.

Volta o par a ajoelhar-se diante da ara, e o sumo sacerdote lhe faz uma alocução, lembrando-lhe que sua união se dá sob os auspícios do destino, e que são inseparáveis, malgrado toda e qualquer oposição, pois o que há de acontecer, nada nem ninguém o impedirá.

Conclama, pois, marido e mulher às alegrias da vida, que são filhos de humanos, do tempo e da natureza bondosa e dadivosa. Portanto, unidas as mãos, comprometem-se as almas nos vínculos do coração.

A seguir, a suma sacerdotisa recolhe do altar uma grinalda de flores, consagrando-a pelos quatro elementos, e a depõe na fronte da noiva.

A esta altura, o sumo sacerdote ergue a mão esquerda, num gesto ritual de bênção, sobre as cabeças do casal, mantendo também suspensa a mão direita, quando diz, solenemente:

"Ó Senhores Guardiães das Torres de Vigia, deus potente, deusa da bondade, testemunhai o compromisso de matrimônio destes ambos corações."

E conclama todos os presentes a testemunhar o casamento, bem assim o altar, a lua, o sol e o ar circundante, além de todas as estrelas que fulgem nos céus.

O par presta juramento de amor e fidelidade mútua, segurando-se pelas mãos, quando dizem, noivo e noiva:

"Por minhas mãos, ao poente do sol; por minhas mãos, quando ascendem as estrelas."

Isto dito, estão casados segundo a Lei e a Arte.

O par, então, salta sobre o caldeirão de cobre, posto sobre as brasas dentro do círculo mágico, no prosseguimento do ritual. Seus antebraços esquerdos são tocados com a ponta de um punhal de cerimônias esponsalícias, juntando-se as feridas, para que se estabeleça uma fusão de sangue (similarmente à prática dos ciganos).

O derradeiro passo consiste em saltarem sobre uma vassoura estendida dentro do círculo mágico, o que fazem simultaneamente e de mãos dadas.

A suma sacerdotisa, com um sorriso benigno, recolhe a vassoura e com ela varre, para fora do círculo, todas as possíveis más influências e malevolências, passando antes o instrumento rente aos calcanhares dos noivos.

Com a espada mágica, ou *athame*, o sumo sacerdote traça no ar, sobre as cabeças do casal, um pentagrama.

No final do casamento, há festim simples, em que todos participam e comem bolos e bebem vinho tinto.

Esta é a modalidade mais simples do rito de casamento entre os bruxos consagrados. Mas pode haver ainda, na ocasião, um complemento mágico que se denomina *ritual solene*, o qual não se pode divulgar aos profanos.

Caso os noivos não tenham sido iniciados, por qualquer motivo, no *terceiro grau da magia*, segundo as prescrições tradicionais, poderão submeter-se a tal prática, se assim o solicitarem e forem julgados dignos.

Na ausência, contudo, de sumo sacerdote e suma sacerdotisa, o ritual pode ser cumprido em todos os seus pormenores, desde que um casal de bruxos presentes, e que haja sido vinculado pelo cerimonial autorizado e regular, assuma sobre si toda a responsabilidade, perante as demais testemunhas.

A ocorrência é, finalmente, registrada no grimório do círculo, com redação em caracteres mágicos de qualquer alfabeto secreto convencionado, sendo o usual o de runas.

Não se usam alianças, nem os costumeiros anéis encantados – que todos os feiticeiros trazem como proteção talismânica – têm sentido matrimonial.

Todos os participantes atuam em "trajes celestes", isto é, inteiramente nus, exceto por seus talismãs. O efeito da nudez é propiciar uma perfeita irradiação ele mental, e as roupas causam interferência, rompendo os contatos cósmicos.

O Livro das Sombras

Texto completo e tradicional das
ordenações célticas

A Lei dos bruxos e feiticeiras

O Livro das Sombras é aqui apresentado em tradução e adaptação do original galês intitulado *Llyfr y Doethineb* – literalmente, O Livro da Sabedoria –, do qual existem inúmeras variantes, com idênticas prescrições fundamentais.

O álbum de anotações dos bruxos e feiticeiras, além do espaço em branco para todos os registros que lhes pareçam cabíveis, comporta, consoante já o observamos, um texto especial, aceito e antigo, que representa o regulamento secreto das ordens mágicas. Seu nome tradicional é *Livro das Sombras*.

Não sem muita hesitação, decidimos revelar esse texto, o qual, na atualidade, cessadas as perseguições e os riscos de outrora, poderá parecer, por seu conteúdo, algo decepcionante. Seu valor histórico, sem embargo, permanece, como testemunho de passadas glórias, tenacidade e devotamento à Arte Mágica. É a própria lei dos bruxos e não se confunde em nada com os pactos diabólicos dos satanistas e magos negros. Meditando em suas palavras, os leitores atraídos pelo Ocultismo encontrarão nele matéria que lhes edifique o espírito. Alguns, ou até muitos, sentirão como que uma certa familiaridade com o que vão ler, e isto muito lhes dirá sobre si mesmos, redespertando-os, quiçá, para uma renovação de suas vidas, na continuidade e no prosseguimento de uma obra a qual, absolutamente, não lhes é alheia.

Texto integral do Livro das Sombras

I — Esta é a Lei, antiga e aceita, tal como se prescreveu.

II — Ela foi feita para os adeptos, por guia, ajuda e conselho em todas as suas atribulações.

III — Cumpre aos adeptos reverenciar os deuses e deusas, obedecendo-lhes a todos os ditames, na conformidade de seus mandamentos; eis que foram propostos para esses mes mos adeptos, e isto se fez por seu bem; assim como a reverência aos deuses e deusas bem é de sua conveniência. Na verdade, os deuses, assim como as deusas, amam os que se confraternizam e chamam-se irmãos, nos círculos dos iniciados.

IV — Tal como um homem ama a sua mulher, e por isto ele a domina, devem os adeptos sotopor-se ao domínio dos deuses e deusas, por mostras que lhes dêem de amor.

V — E mister se faz que o círculo dos adeptos, o qual templo é dos deuses e das deusas, seja levantado e expurgado, que assim lugar condigno será, onde estejam deuses e deusas em presença.

VI — E os adeptos se prepararão, e estarão purificados, a fim de que possam ir à presença dos deuses e diante das deusas.

VII — E os adeptos elevarão forças com poder, desde seus corpos, para que, replenos, tornem o poder aos deuses e deusas, tanto com amor quanto reverência no imo de seus corações.

VIII — Tal como doutrina foi estabelecida, de idos tempos; pois tão-somente assim é possível haver comunhão entre homens e deuses; e entre deusas e homens; porquanto nem podem os deuses, assim como as próprias deusas, estender seu auxílio aos homens, sem a mesma ajuda destes últimos.

IX — E uma será a Suma Sacerdotisa, a qual regerá o círculo dos adeptos, como vigária dos deuses, e assim mesmo das deusas.

X	- E um Sumo Sacerdote a sustentará nos seus feitos, como vigário dos deuses, e assim mesmo das deusas.
XI	- E a Suma Sacerdotisa escolherá a quem bem queira, desde que baste em hierarquia, para que lhe dê assistência, na condição de Sumo Sacerdote.
XII	- Atentando-se a que, tal como os próprios deuses lhe beijaram os pés, a ela[12], e por cinco vezes a saudaram, depondo seus poderes aos pés das deusas, em submissão – pois que eram elas juvenis e dotadas de toda beleza, e em si havia gentilezas como havia doçuras; sabedoria como justiça; humildade e generosidade –,
XIII	- Assim mesmo a ela cometeram todos os poderes divinos que eram de seu apanágio.
XIV	- Eis que, porém, a Suma Sacerdotisa deve ter em espírito que todos os seus poderes emanam dos deuses, e das deusas emanam.
XV	- E os poderes lhe são cedidos tão-somente por uns tempos, para que deles usem; com sabedoria e retidão assim os usem.
XVI	- E, portanto, sempre que venha tal a decidir-se pelo conselho dos que são adeptos, a ela caberá anuir em abdicar, de boa mente e mui alta graça, em prol de mulher que seja mais jovem.
XVII	- Porque a Suma Sacerdotisa, quando lídima, há de reconhecer que uma de suas virtudes mais excelsas é, justo, ceder a honra de seu estado, em gesto de alta graça, àquela que a deva nisto suceder.
XVIII	- E por compensação de seu ato, tornará ela a esse mesmo estado de honra, em futura vida, com poder e suprema beleza, sempre acrescentados, que tal é a prescrição da Lei.
XIX	- Ora, nos tempos vetustos, quando a Lei entre os adeptos se estendia aos longes, vivíamos nós outros em gozo de liberdade; e nossos cultos e ritos tinham por local os mais nobres dos templos.

---

12. Ela, ou seja, a deusa suprema, Arádia.

XX — Mas correm agora dias infaustos, em que precisamos celebrar em secreto os nossos sacrossantos mistérios.

XXI — E esta hoje seja a Lei: que ninguém que não se conte entre os adeptos possa estar presente a estes nossos mistérios; porque muitos são em número os que não nos têm afeto; e a língua do homem, na tortura, se desata.

XXII — E esta hoje seja a Lei: que nenhum dos nossos círculos de adeptos conheça local em que outro deles seja existente.

XXIII — Nem saiba quem os seus membros, tirante, apenas, o Sumo Sacerdote e a Suma Sacerdotisa, bem como aquele que conduza as mensagens, nas anunciações.

XXIV — E não se estabelecerá relação entre um e outro círculo de adeptos; salvo por mediação daquele que faz as anunciações dos deuses, ou leva a palavra das convocações.

XXV — E quando tudo esteja muito a salvo, somente, é dado aos círculos de adeptos encontrarem-se no sítio designado, em segurança, para celebração das grandes festas.

XXVI — E enquanto ali se acharem, nenhum dos presentes dirá donde veio, nem seus nomes reais se farão conhecidos.

XXVII — E isto para que, se algum deles for supliciado, não possa, em sua agonia, dizer o que lhe mandam, pois não o sabe.

XXVIII — E fique este mandamento: que nenhum dirá a ninguém, estranho à Lei, quem é dos adeptos; nem declarará nomes; nem contará onde se reúnem; nem, por qualquer forma ou maneira, trairá algum de nós aos que nos perseguem para a morte.

XXIX — Nem se dirá onde fica o lugar do grande conselho dos adeptos;

XXX — Nem, tampouco, a sua mesma sede, onde se encontram os adeptos de seu círculo, em particular;

XXXI — Nem onde serão os encontros.

XXXII — E se alguém infringir as leis, ainda que na agonia dos suplícios, sobre sua cabeça desabará a maldição da

ATO RITUAL NO CÍRCULO MÁGICO

Bruxas invocando as forças da natureza, depois de terem saltado sobre o caldeirão místico, no círculo. Sua velocidade é cada vez maior, até que atinjam um estado de suprema concentração, formando o chamado "cone dos poderes". As forças colhidas pelas feiticeiras, no círculo, são veiculadas em obra mágica especial, sempre num bom objetivo, como curas ou benefícios a alguém, e jamais em sentido maléfico.

Grande Deusa, de tal modo que nem venha a renascer nestes elementos, e que sua permanência eterna seja no inferno dos que se dizem cristãos.

XXXIII - E que, pois, cada uma dentre as Sumas Sacerdotisas presida sobre seu mesmo círculo, dispensando amor e justiça, em ajuda e conselho do Sumo Sacerdote de sua sustentação, e dos mais antigos, dando ouvido, em constantes ocasiões, ao que traz a mensagem dos deuses, nas anunciações que ocorrerem.

XXXIV - E ela dará, tanto mais, ouvidos aos reclamos dos que se dizem irmãos; e todas as contendas e diferenças que haja entre eles sejam de sua competência.

XXXV - Entretanto, força é reconhecer que haverá, em todos os tempos, daquela gente que porfiará por forçar suas decisões e vontade a outrem.

XXXVI - Não que tudo assim seja mau.

XXXVII - Porquanto, por vezes, se expressam boas idéias; e as que sejam boas devem ser discutidas em conselho. – Mas, havendo dissidência quanto às idéias, no concerto dos irmãos, ou se for dito:

XXXVIII - "Não acatarei as ordens da Suma Sacerdotisa",

XXXIX - É bom que se saiba: a Lei antiga sempre foi da conveniência dos adeptos irmanados, e assim se evitarão disputas.

XL - E quem discordar terá o direito de estabelecer um novo círculo de adeptos; porque assim também é, quando um de seus membros precisa afastar-se, indo morar em local distante das sedes, e as vinculações ficam perdidas entre o círculo e esse particular adepto.

XLI - E qualquer um que tenha sua morada no âmbito das sedes dos círculos dos adeptos, mas se mostre desejoso de estabelecer novo círculo, assim o dirá aos mais antigos, declarando-lhes sua intenção. E, isto dito, poderá afastar-se nessa mesma hora, e buscar outro sítio, remoto.

XLII - Ainda assim, os que sejam membros de um círculo antigo poderão passar-se a novo, quando da constituição

	deste. Mas, se o fizerem, lhes cumpre removerem-se, para sempre, do local do círculo antigo, cujo eram confrades.
XLIV	- Os mais antigos, do novo e do velho círculo, porém, decidirão, em entendimento mútuo, e com amor fraterno, sobre as novas lindes a firmarem-se, na separação entre um e outro círculo de adeptos da Lei.
XLV	- E os praticantes da Arte que tenham suas moradas em local distante dessas ambas sedes, ou seja, fora dos seus mesmos limites, poderão pertencer a um ou outro destes círculos; não, contudo, a um e outro.
XLVI	- Entretanto, todos poderão, sob anuência dos mais antigos, comparecer aos festivais solenes, desde que haja concórdia e fraternal afeto entre os presentes.
XLVII	- Mas quem leva a cisão ao seio dos círculos dos adeptos é réu de punição severa, e para tanto se fizeram as velhas leis: assim, que a maldição da suprema deusa lhe desabe sobre a cabeça, a todo o que as desconsiderar. E tal é o mandamento.
XLVIII	- E se tu tiveres contigo um livro, que este seja escrito por tua letra, e de teu punho. Mas se qualquer dos irmãos, ou das irmãs, for desejoso de o ter por cópia, assim será por certo; mas não deixes nunca que tal livro te saia das mãos; e nem tragas contigo, nem tenhas sob tua guarda, aquilo que outrem escreveu e que o seja de letra e punho deste.
XLIX	- Eis que, se um tal livro for encontrado, e seja de sua letra, quem o escreveu poderá ser preso e levado ao juiz.
L	- E, pois, cada um tenha consigo o que seja de sua mesma escrita e próprio punho, destruindo o que deva ser destruído, toda vez que estiver sob ameaça e risco maior.
LI	- E que o que aprenderes seja de cor; mas, transcurso o perigo, afastados os riscos, escreverás em teu livro, quando houver segurança; e o que antes tiveres escrito e destruído, nessas ocasiões o reescreverás.
LII	- E se for sabido que algum dos adeptos morreu, será dever a destruição deste seu *Livro das Sombras*, e do

	"grimório", porquanto, se vier a cair em falsas mãos, entre profanos, e nem for possível que se destrua,
LIII	- Prova constituirá, muito certamente, contra aquele, pelos que não são filhos da Lei.
LIV	- E os que nos oprimem nem ignoram o fato, dizendo: "Ninguém é bruxo e está sozinho".
LV	- Portanto, todos os seus aparentados e amigos se encontram debaixo de risco de torturas,
LVI	- E isto é a razão por que tudo o que se escreveu cumpre seja destruido!
LVII	- Mas se teu livro for achado contigo, isto se demonstrará contra ti, e tu somente serás citado às cortes.
LVIII	- Guarda em teu coração aquilo que se sabe da Arte.
LIX	- E se o suplício for tamanho que o não possas suportar, então dirás: "Confessarei, porque não sou capaz de resistir a estes tratos".
LX	- Mas que pretendes dizer?
LXI	E se tentarem fazer com que fales sobre teus confrades, não o faças.
LXII	- Mas se tentarem fazer com que fales das coisas impossíveis, das que não são de usança dos bruxos, tal como voar por cabos de vassouras; ter consórcios com demônios, desses em que crêem os cristãos; sacrifícios de crianças,
LXIII	- Virgens e inocentes; ou de festins em que se come carne humana; poluição e profanação das hóstias; missas negras que se rezam nos ventres das mulheres dissolutas; poços de urina em que se profanam as coisas santas; ungüentos de invisibilidade; secar os leites das vacas; fazer cair granizo; moverem-se objetos pesados; danças em sabás, presididas por Satanás, que recebe no ânus o ósculo dito infame; se, por fim, indagarem de tais coisas,
LXIV	- Dirás, para que tenhas alívio dos padecimentos que te inflijam: "Sim! Acho que tive pesadelos; ou fui arre-

batado em espírito; ou me parece que me toca uma ponta de loucura".

LXV - Na verdade, alguns magistrados há que são compassivos; e se para tanto houver pretexto, poderão, até, agir com misericórdia. Cautela, porém, com frades e fanáticos.

LXVI - Se disseres algo, porém, que te comprometa, ou a outrem, não te esqueças de negá-lo depois, tudo desmentindo, como afirmar que, aterrado nos maustratos, nem sabias do que falavas.

LXVII - E se te condenarem, não tenhas cuidado.

LXVIII - É que teus irmãos, dos círculos dos adeptos, são gente de poder, e te ajudarão a fugir, desde que não percas a firmeza nem desates a língua. Se, contudo, te traíres, ou aos demais, já não te restará esperança de salvação, nem nesta vida, nem na futura.

LXIX - Não te inquietes: se em tua firmeza te conduzirem à fogueira do suplício – para o desfrute dos cristãos e de seus demônios –, teus irmãos te ministrarão drogas suavizantes, e te haverá conforto, e nem sofrerás dores. Para a morte partirás tranqüilo, e para o consolo do além, que é o êxtase nos braços da deusa suprema.

LXX - E teu gozo não será o da carne, e sim o do espírito, que é na sua purificação, e elevação, que os adeptos se dedicam a suas obras.

LXXI - Mas para evitar que sejas descoberto, teus instrumentos de Arte serão bem simples, como os que são encontrados nas casas comuns dos profanos; e, por eles, não se dirá nada.

LXXII - É bom que os pentáculos sejam feitos de cera, de modo a que pronto se rompam, e mais presto sejam fundidos, como qualquer obra comum de artífice.

LXXIII - Em tua casa não terás armas, nem espada, a menos que as permita tua hierarquia, entre as classes do povo.

LXXIV	- Em tua casa não gravarás símbolos, nem sinais, nem nomes que soem estranhamente; nem em nada os escreverás.
LXXV	- Quando for de mister, porém, seu uso, escreverás com tinta, o que tiveres de traçar e escrever, no momento das consagrações; e, passadas estas, com a obra feita, tu apagarás tudo tão logo não seja necessário estar escrito.
LXXVI	- Nos punhos das armas, quando te forem permitidas, mostrarás quem és entre os adeptos, mas não o saberão os profanos, nem os que te perseguem.
LXXVII	- Nelas não farás gravuras, nem inscrições, para que pelos símbolos não conheçam a tua condição, que assim serias traído.
LXXVIII	- Não te esqueças nunca, que és do número dos filhos secretos da deusa suprema; assim, não desgraçarás a ti, nem a teus irmãos, nem a entidade divina.
LXXIX	- Sê modesto; não uses de ameaças; não digas jamais que desejarias a perda alheia, ou que te seria possível danar a alguém.
LXXX	- E se, porventura, alguém, que não seja do círculo dos adeptos, se referir à Arte, lhe dirás: "Não me fales dessas coisas, que elas me apavoram; e dizer a seu respeito razão é de má sorte".
LXXXI	- E o motivo para que assim procedas, é que os que se declaram cristãos costumam pôr espias em toda parte. Eles se comprazem na perda e danação alheia, e pretextam e protestam afeto. E muitos são fingidos, pois que dizem: "Minha mãe falava que tinha costume de reverenciar os deuses antigos. Quem me dera pudesse eu fazer o mesmo".
LXXXII	- Seus propósitos são vis. Aos tais se negue sempre o conhecimento das verdades ocultas.
LXXXIII	- A outros, porém, se dirá: "Falarem os homens a respeito de feiticeiras e bruxos que voam pelos ares cavalgando vassouras, é pura estultícia. É que, para que o fizes-

sem, haveriam de ter, pelo menos, a leveza dos cardos, ou dos flocos que a brisa sopra dos espinheiros. E se diz que bruxas e bruxos são feios e vesgos; sempre uns corocas. Que prazer terá, pois, alguém, em estar nas suas assembléias, ou sabás, segundo o gênero que muita gente diz existir?".

LXXXIV — - E acrescente-se mais: "Os homens de siso usam afirmar que tais criaturas não existem de verdade".

LXXXV — - Procura, sempre, ter como passageiras estas tais coisas; que, em algum dia porvindouro, hão de cessar acaso as perseguições e intolerância, quando voltaremos, em seguro, a reverenciar os deuses do passado.

LXXXVI — - Oremos para que venham dias tão felizes.

LXXXVII — - Que as bênçãos da suprema deusa e dos deuses sejam com todos aqueles que respeitam estas leis e obedecem aos mandamentos.

LXXXVIII — - E se, porventura, há algum apanágio da Arte, seja ele mantido, concorrendo todos a preservá-lo em sua simplicidade e pureza, para bem de cada um dos adeptos.

LXXXIX — - E se algum dinheiro ou valor, do bem comum, for confiado a qualquer dos adeptos, cuide ele de agir honesto.

XC — - E se algum dos irmãos, do círculo, realizar, de fato, alguma tarefa, justo é que se lhe dê seu galardão; porque não se cuida, aqui, de receber paga por obra da Arte, mas sim por recompensa de trabalho honrado.

XCI — - Isto o permite a Lei, com retidão. E mesmo os que se dizem cristãos falam assim: "O jornaleiro é digno de seu salário", e tais palavras estão em suas Escrituras. Entretanto, se algum dos irmãos quiser trabalhar, em algum serviço, a bem da Arte, e por amor que lhe tem, sem receber qualquer recompensa ou galardão, isto lhe vai, e a todos do círculo, em grande honra. A Lei o permite, e o mais que se ordenou.

XCII — - E havendo alguma disputa ou altercação entre os adeptos, pronto a Suma Sacerdotisa reunirá os mais antigos,

	ouvindo-se todos os fatos e partes, cada um por sua vez, e, após, em conjunto.
XCIII	- A seu tempo se decidirá com justeza, sem que o sem razão seja favorecido.
XCIV	- Sempre se reconheceu existirem aqueles que não concordam em trabalhar sob ordens de outrem.
XCV	- Mas, ao mesmo tempo, foi reconhecido que existem os que são incapazes de julgar com justiça, ou dirigir com retidão.
XCVI	- E, pois, a quantos sejam incapazes de obedecer, mas só cogitem de mando e direção, eis o que se lhes há de dizer:
XCVII	- "Não busquem este círculo, ou estejam em outro, ou, ainda, saiam a organizar o seu próprio círculo, sobre o qual mandem, levando consigo os que os acompanhem".
XCVIII	- E os que forem inconciliáveis, estes se retirem.
XCIX	- Eis que ninguém pode estar num mesmo círculo em que se apresentem aqueles com os quais não estejam em harmonia.
C	- Os que discordem de seus irmãos não podem conviver com eles na prática da Arte, mas esta há de permanecer com a ausência dos mesmos, que tal é o nosso mandamento.
CI	- Nos idos tempos, quando éramos poderosos, nada impedia que usássemos da Arte contra todo que atentasse contra nossos irmãos e irmãs. Nestes dias, porém, quando impera o mal, não devemos agir desta sorte. Eis que nossos desafetos excogitaram um abismo onde arde o fogo eterno, no qual, a seu dizer, seu próprio deus lança todos aqueles que o adoram, salvo uns muito poucos eleitos, que são salvos por mediação de seus sacerdotes, por meio de práticas, ritos, missas e sacramentos. E nisto tem muito peso o dinheiro, quando dado em abundância; e os favores dessa lei se pagam alto e caro,

	em ricas doações, porque a sua igreja é sempre sedenta e faminta de bens palpáveis.
CII	- Nossos deuses, porém, nada exigem, nada pedem, requerendo, ao invés, nosso auxílio, para que sejam abundantes as colheitas, e entre os homens e as mulheres haja fertilidade, e nada lhes falte; porquanto manipulam o poder que levantamos na grande obra dos círculos dos adeptos; e como os ajudamos, na mesma medida somos ajudados.
CIII	- A igreja, contudo, dos que se dizem cristãos, carece da ajuda dos seus; para que a utilize, não em algum bem, mas a nosso mal, para descobrir-nos, perseguir-nos, destruir-nos. E sua ação não tem fim. E seus sacerdotes ousam afirmar-lhes que os que buscam nosso auxílio serão danados eternamente no fogo do inferno. E isto atemoriza a todos com temor que induz à loucura.
CIV	- Tais sacerdotes acenam-lhes com uma oportunidade de salvação, fazendo-os crer que, alimentando as fogueiras dos que pretendem atormentar-nos, escaparão eles a seu próprio inferno, como o chamam. Eis por que vivem todos os que se dizem dessa lei a espionar-nos, pensando em seu coração: "Basta-me apanhar um só desses bruxos, ou uma só dessas feiticeiras, para que me furte ao abismo do fogo eterno".
CV	- Assim, pois, temos de nos refugiar em guaridas ocultas; e os que nos buscam, e não nos acham, usam dizer: "Já não os há; ou se algum existe, seu lugar não é aqui, ou bem remoto".
CVI	- Ai, porém, quando vem a perecer algum dos que nos oprimem, seja por qualquer meio de morte ou até doenças; ou mesmo se enferma, logo dizem: "Ora, trata-se, certo, de malícia dos tais bruxos". Com isto tornam à caçada. E ainda quando matem dez ou mais dos seus legítimos por, um só verdadeiro dos nossos, isto não os preocupa. E que seu número se conta em muitos milhares.
CVII	- Mas nós sabemos quão poucos somos, e nossa Lei é que nos rege.

CVIII	- Por isto mesmo, nenhum dos nossos recorrerá à Arte por vingança, nem para danar a ninguém.
CIX	- E por mais que nos maltratem, injuriem e ameacem, a nenhum se causará mal. E nos dias que correm, inúmeros são os que descrêem em nossa existência. E isto é bom.
CX	- Assim, portanto, estaremos sempre ajudados desta Lei, em nossas atribulações; mas ninguém dos nossos, por maiores injustiças e ofensas que possa vir a receber, usará os poderes em punição dos culpados, nem causará qualquer dano. Os adeptos poderão, contudo, após consulta entre seus irmãos da Arte, recorrer a esta, conforme for determinado, para resguardo contra as perseguições movidas pela igreja que nos injuria, não, porém, para levar justo castigo aos dessa que o mereçam.
CXI	- Em tal fito, o injuriado assim dirá: "Eis que um tal é renhido perseguidor, e investiga nossas ações, indo em perseguição de pobres anciãs, das que se comprazem na Arte, ou disto suspeita; nenhum, todavia, lhe fez mal por esta causa, e isto mostra realmente que elas não poderiam, em nada, ser feiticeiras, por não obrarem malícias; ou então, na verdade, não existem, ou já não existem bruxos ou bruxas".
CXII	- É fato notório que muitos têm sido mortos, porque alguém lhes tinha, contra, algum ressentimento; ou, então, foram perseguidos por se saber que possuíam dinheiro, ou outra forma de bens passíveis de seqüestro, e nem se contavam entre os adeptos; ou, ainda, não dispunham de meios para subornar os agentes da perseguição. E muitas, ainda, foram mortas, por serem velhas rabugentas ou rezingonas. Na verdade se diz, entre os que nos perseguem, que somente as velhas usam ser bruxas.
CXIII	- E tal concorre para nossa vantagem e proveito, desviando-se de nós a suspeita do que somos.
CXIV	- Graças ao sigilo, muito tempo é passado, na Escócia, como em Gales e na Inglaterra, sem que se tenha punido de morte algum adepto. Entretanto, qualquer abuso

	de nossos poderes tornaria a suscitar as perseguições ferrenhas.
CXV	- Concitamos, pois, aos nossos irmãos, a que não infrinjam a Lei, por maior que lhes seja a tentação de fazê-lo; e jamais consintam que haja dessas infrações, a mínima que seja.
CXVI	- E se algum dos nossos vier a saber que se infringiu a Lei, pronta será sua reação contra esse risco.
CXVII	- E qualquer Suma Sacerdotisa ou Sumo Sacerdote que possa anuir nessas infrações, é réu de culpa cruenta, e a deposição seu castigo, justo e perfeito; porquanto seu consentimento implica risco de que o sangue de nossos irmãos adeptos seja vertido, e algum deles seja levado a patíbulo, ou pereça nas fogueiras dos eclesiásticos da igreja que nos persegue.
CXVIII	- Mas que se faça o bem, e com firmeza e em seguro; e só quando em seguro.
CXIX	- Todos os membros dos nossos círculos se mantenham no respeito da Lei, venerável e antiga.
CXX	- E que nenhum dos nossos aceite, nunca, alguma paga por serviços da Arte, pois o dinheiro é como nódoa que mancha aquele que o toma. Na verdade, é coisa mui sabida que somente os maléficos – que praticam a Arte Negra, e conjuram os mortos – e os sacerdotes da igreja aceitam dinheiro pelo que fazem; e nada fazem sem que lhes haja boa paga. E vendem, ainda mesmo, o perdão das almas, para que os maus se furtem à punição dos pecados.
CXXI	- Que nossos irmãos não sejam dos tais ou como os tais. Se um dos adeptos aceitar dinheiro, ficará passível de tentações, usando da Arte para a causa do mal. Mas, se não o fizer, assim não será, certamente.
CXXII	- Todos, contudo, podem utilizar a Arte em seu proveito e bem próprio, ou para glória e bem daArte, desde que haja certeza de que a ninguém, com isto, se danará.

CXXIII — Que todas estas coisas, antes, entretanto, sejam objeto de conselho entre os adeptos, em seu próprio círculo. E as deliberações serão prudentes e meditadas. Somente em havendo consenso de que a ninguém se danará, ou de que não sobrevirá mal, se usará da força da Arte antiga.

CXXIV — Mas, quando não houver maneira possível de se conseguir o pretendido segundo se determinou, será talvez possível que os mesmos fins se alcancem de outro modo, sem que haja dano, nem aos nossos, nem aos profanos. E que a maldição da deusa suprema seja sobre a cabeça de todo aquele que infringir esta nossa Lei. Tai é o mandamento.

CXXV — E entre nós se considera ato de justiça, e legal, que, caso um dos adeptos possa estar precisando de uma casa ou morada, ou terras, e ninguém lhas queira vender, haja recurso à Arte, para inclinar o coração e disposição de quem possua esses bens, desde que não haja malefício, sob qualquer forma ou maneira, pagando-se sem maiores arengas o preço justo que for posto e exigido.

CXXVI — Que nenhum dos nossos menospreze os valores do que pretenda adquirir, nem venha a arengar, se comprando algo por persuasão da Arte. Tal é o mandamento.

CXXVII — É velha lei, e a mais importante das nossas, que ninguém dentre os adeptos venha a fazer coisa alguma a qual possa implicar perigo a seus irmãos na Arte; ou outro ato que os coloque ao alcance da lei comum da terra, ou à mercê de quaisquer perseguidores, civis ou eclesiásticos.

CXXVIII — E, suscitada rixa, o que é lamentável, entre os irmãos, nenhum deles pode invocar alguma lei, senão aquelas da Arte.

CXXIX — Ou nenhuma jurisdição ou tribunal, salvo o da Sacerdotisa, ou do Sacerdote, de seu círculo, e bem assim dos mais antigos entre os adeptos.

CXXX — E não se proíbe aos adeptos dizerem, como o fazem os da igreja: "Há feitiços nesta terra", porquanto os nossos opressores, de longe e há muito, têm por heréticos os que descrêem da feitiçaria; e por ser crime negar-lhe a existência, os que se mostrem descrentes estão sob suspeita, como hereges, de bruxaria.

CXXXI - Mas seja o vosso falar: "Ignoro que haja, aqui, algum bruxo; mas é bem fato que talvez isto seja verdade em lugares mais distantes; mas onde, não o sei".

CXXXII - Mas se deve falar deles, os bruxos e feiticeiras, como sendo uns corocas, que têm pacto com os demônios, e se movem pelo ar, em vassouras.

CXXXIII - E que se acrescente, em todas essas ocasiões: 'Todavia, como lhes será possível, a tantos, moverem-se pelo ar, quando não são da leveza das penugens do cardo?".

CXXXIV - Mas que a maldição da suprema deusa seja sobre todo o que lançar suspeitas sobre qualquer um de nossos irmãos.

CXXXV - E que assim seja, outrossim, com os que se referirem a um dos locais de encontro, e seja isto verdadeiro; ou onde morem adeptos, e seja isto verdadeiro.

CXXXVI - E cumpre aos círculos da Arte manter livros com registro das plantas benéficas, e todos os meios de cura, de forma que os adeptos possam aprendê-los.

CXXXVII - E que haja outro livro, para informações, inclusive das culminâncias astrais; e que somente os mais antigos e outras pessoas dignas de muita fé tenham disto conhecimento. Tal é um de nossos ditames.

CXXXVIII - E que as bênçãos dos deuses e deusas se cumulem sobre todos quantos guardarem ditas leis; e que a maldição dos deuses e deusas seja sobre a cabeça dos que, porventura, as venham infringir.

CXXXIX - E seja lembrado ser a Arte sigilo dos deuses e deusas; sendo, pois, usada em ocasiões graves; nunca, entretanto, por mera mostra de poder e em leviandade.

CXL - Os adeptos da magia negra e os que seguem os ditames da igreja poderão importunar-vos, dizendo: "Eis que não tens poder nenhum; mostra-nos, pois, se és capaz de algo. Obra artifício de magia diante de nós, que então também, e somente, creremos"; mas, com tanto, pretendem que algum dos nossos venha a trair a Arte, perante seus olhos.

CXLI — Que se lhes não dêem ouvidos, pois que a Arte é sagrada, e aplica-se tão-só quando de mister. Sobre os infratores desta Lei possam recair as maldições da suprema deusa.

CXLII — Sempre foi do costume dos homens, assim como das mulheres, que buscassem novos amores; e isto não é causa de que sejam reprovados, assim como o não é de louvação.

CXLIII — Mas tal prática pode constituir detrimento à Arte.

CXLIV — E assim, portanto, sucede muita vez que uma Suma Sacerdotisa ou um Sumo Sacerdote, por motivo de amor, siga os passos de quem lhe apeteça. Com isto, deixa o círculo de sua responsabilidade.

CXLV — Ora, se alguma das Sumas Sacerdotisas intenta deixar seu posto e estado. que o faça anunciando-o perante o conselho.

CXLVI — Com tal resigna seu estado exaltado e excelso, e sua desistência tem valor diante de todos os adeptos.

CXLVII — E se, pois, alguém do estado sacerdotal parte sem dizer de seus intentos, e sem renunciar, como se saberá se, passado algum tempo, não tornará ao círculo assim deixado?

CXLVIII — Por estas causas se estabeleceu lei, pela qual, se a Suma Sacerdotisa deixa o círculo de seus adeptos, sem renúncia, é-lhe facultado o retorno, e tudo estará como fora dantes.

CXLIX — E enquanto lhe perdura esta ausência, se há quem lhe preencha as funções, esta outra assim procederá, até que regresse a Suma Sacerdotisa, ou enquanto esteja ausente.

CL	- Mas, se não volta no tempo de um ano e mais um dia, é lícito ao círculo dos adeptos, compactuados entre si, escolher, por eleição, uma nova Suma Sacerdotisa.
CLI	- Isto, porém, não se passa quando há justo e bom motivo para que não se passe.
CLII	- Aquela, porém, que lhe fez o ofício colherá os benefícios, e será recompensada pelo seu labor, como acólita e substituta da Suma Sacerdotisa.
CLIII	- Tem, mais, sido verificado que a prática da Arte estabelece vínculos de afeto entre aspirantes e tutores; e quanto maior tal afeto, tanto melhor será.
CLIV	- Se, entretanto, por alguma causa for isto inconveniente, ou indesejável, isto fácil se evitará, decidindo quem aprende e quem ensina, desde o princípio, manter-se nas relações que vinculam irmãos e irmãs, ou pais e filhos, sem qualquer vínculo carnal.
CLV	- O postulante a adepto do círculo da Arte só pode ser instruído por mulher; e a postulante somente por homem; e eis que duas mulheres, ou mais, não devem praticar entre si, porquanto a força vem de um sexo para outro; e igualmente dois homens, ou mais, não devem praticar entre si, o que se opõe à Lei, e nisto vai abominação; e já dissemos a causa.
CLVI	- Cumpre que haja ordem, e que a disciplina seja constante.
CLVII	- À Suma Sacerdotisa, ou ao Sumo Sacerdote, é que cabe dar castigo aos que caem em falta, e isto é seu direito.
CLVIII	- Portanto, todos os do círculo de adeptos devem receber de boa mente o castigo que mereçam; quando o mereçam.
CLIX	- E assim, por conseguinte, tomadas todas as providências cabíveis, deve o culpado postar-se de joelhos, confessando falta, para ouvir sentença.
CLX	- Mas ao amargo deve suceder o doce; e ao desagradável, o ameno: após o castigo, convém que haja alegria.
CLXI	- O réu confesso reconhecerá que se lhe fez justiça, como convinha, aceitando o castigo, e beijará a mão da

Suma Sacerdotisa, ao passar-lhe esta a sentença condenatória. E, além de tanto, agradecerá, ainda, que tenha sido castigado, pois isto sucede por seu bem e edificação. Tal é a Lei e seu mandamento.

CLXII — Por nossa prescrição final: que todos os adeptos guardem a Lei, segundo aqui foi escrita, e os mandamentos e ordenações da Arte capital, venerável e antiga. Em suas mentes e corações guardem a Lei. Mas, em risco de morte, seu livro deve ser destruído, para que nada se prove, e nem haja risco maior a seus irmãos; nem venha ninguém a condenar-se por seu compromisso. Com isto se preservará, em todas as condições, e sob quaisquer circunstâncias, a tradição e o ensinamento da deusa suprema, conforme o Legado Antigo.

Obras consultadas

Àquelas pessoas acaso interessadas em se aprofundar no assunto, recomendamos as obras abaixo, fundamentais, a nosso ver, a qualquer estudo sério do mesmo:

Bíblia Sagrada (particularmente o Pentateuco).

CAVENDISH, Richard. *The Black Arts*.

Clavículas de Salomão, As (autoria desconhecida).

CROW, W. B. *A History of Magic, Witchcraft and Occultism*.

CROWLEY, Alister. *Magic in Theory and Practice*.

ESCHENBACH, Wolfram von. *Parzival*.

FORTUNE, Dion. *The Mystical Qabalah*.

FRAZER, Sir J. G. *The Golden Bough*.

GARDNER, Richard. *The Purpose of Love*.

GRAY, W. G. *Magical Ritual Methods*.

JUNG, Carl Gustav. *Man and His Symbols*.

KRAMER, Heinrich & SPRENGER, J. *Malleus Maleficarum*.

LELAND, Charles D. *Aradia, The Gospel of Witches*.

MAPLE. Eric. *The Domain of Devils*.

MURRA Y, Dra. Margareth A. *The Witch Cult in Western Europe*.

POWELL, Arthur E. *The Astral Body and Other Astral Phenomena*.

RALPH, Everton. *Como Ler os Pensamentos*.

Este livro foi impresso em julho de 2015,
na Gráfica Impressul, em Jaraguá do Sul, para a Pallas Editora.
O papel de miolo é o offset 75g/m2 e o de capa é o cartão 250g/m2.